如何
培养孩子
主动又自觉

邓鑫 编著

中国纺织出版社有限公司

内 容 提 要

对成长中的孩子来说，他们身上所有的优点、良好习惯、品质都源于其深层次的内部动机，是自我强化的结果，孩子主动又自觉，父母更省心，家庭教育的根本目的就是激发孩子的自觉性、培养孩子的自主动性，而不是让孩子盲目听话、服从。

本书正是从如何培养孩子积极主动性入手，提出了一种全新的教育理念——以引导鼓励代替压制、批评甚至打骂，且以平实的文字、细腻的语言，教给年轻的爸爸妈妈们如何正确培养孩子的主动自发性，大大增强心理免疫力，让孩子有能力经营一个成功与快乐并存的美好人生。

图书在版编目（CIP）数据

如何培养孩子主动又自觉 / 邓鑫编著. -- 北京：中国纺织出版社有限公司，2024.4
ISBN 978-7-5229-1611-8

Ⅰ.①如⋯ Ⅱ.①邓⋯ Ⅲ.①家庭教育 Ⅳ.①G78

中国国家版本馆CIP数据核字（2024）第070455号

责任编辑：刘桐妍　　责任校对：王惠莹　　责任印制：储志伟

中国纺织出版社有限公司出版发行
地址：北京市朝阳区百子湾东里A407号楼　邮政编码：100124
销售电话：010—67004422　传真：010—87155801
http://www.c-textilep.com
中国纺织出版社天猫旗舰店
官方微博 http://weibo.com/2119887771
三河市延风印装有限公司印刷　各地新华书店经销
2024年4月第1版第1次印刷
开本：710×1000　1/16　印张：13
字数：128千字　定价：49.80元

凡购本书，如有缺页、倒页、脱页，由本社图书营销中心调换

前言 PREFACE

无论处于哪个年代，对孩子的教育都是值得人们关注的事情。尤其是为人父母者，所有的精力都放到了孩子身上，在教育孩子的问题上，更是心力交瘁，总是希望能找到一条可以放之四海而皆准的教育真理。不得不说，以往的"棍棒之下出人才"的教育理念已经被越来越多的父母和教育工作者否定，因为人们已经认识到打压、强制甚至打骂孩子，虽然会教出听话的孩子，但孩子的自信、积极性、勇气等所有良好品质很有可能同时也被棍棒"消灭"。有的孩子对父母的打骂已经产生"免疫力"，也有的孩子可能会"奋起反抗"，甚至还会有样学样，早早地产生暴力倾向。

那么，有没有一条法则，不但能培养出"省心"的好孩子，还能保护孩子积极健康的心态呢？

答案是：有！那就是鼓励、引导、激发孩子内在的行为动机。教育心理学家指出：教育的最终目的，并不是培养听话、服从的孩子，也不是培养为了得到奖励才肯去做的孩子，而是要强化孩子的内部动机，让孩子自觉主动。在这样的教育方式下，孩子能主动地学习，也能以健康的心态交往，能"吃得开""玩得转"，做到凡事自觉主动。自觉主动的孩子，无论是在学习、生活，还是在为人、处事等方面，在没有人告知的情况下，都能做着恰当的事情。他们做的事情，没有人提醒，更没有人要求，完全是他们在自主意识支配下的自觉行为。

事实上，古今中外，我们在任何一个成功者身上都能找到自觉主动的好品质，他们从小做事积极主动、自信自强、开朗乐观，有着超强的情绪管理能力和自控力，正因为如此，他们能获得他人的支持，也能更快抓住成功机遇。因此，培养孩子的主动自发力成为每个家长的必学功课。

愿望与目标是好的，但在具体的家庭教育中，如何达成所愿确实是我们需要考虑的问题。事实上，我们看到很多父母并不知道如何引导孩子，他们费尽九牛二虎之力，孩子依然不懂事、行为差、依赖性强、学习成绩不尽如人意。父母们一方面责怪孩子天生就笨，不争气，另一方面又埋怨自己教子无方，心有余而力不足。

对这样的情况，可能很多父母希望能获得一本家教指南，而这就是本书编写的原因。本书立足于培养孩子的自觉主动性，并从孩子的生活习惯、情绪管理、思维训练、性格培养等各个方面，告诉家长如何运用鼓励和引导提升孩子的主动自发性，进而培养出省心的好孩子。

作者

2023年10月

第1章
培养竞争意识：让竞争激发孩子内在活力

勇气和实力，是孩子竞争力的底气 // 003
竞争可以激发孩子内在的活力 // 005
让孩子明白，只有与嫉妒告别才会获得胜利 // 008
引导孩子以正确的心态与竞争对手相处 // 011
好胜心强的孩子，如何引导 // 014

第2章
转变教育观念：用引导与鼓励培养自觉的孩子

溺爱孩子，其实是害了孩子 // 019
调整我们自身的行为习惯，树立积极的行为榜样 // 022
小心过度批评对孩子造成的伤害 // 025
用引导与鼓励激发出孩子的主动自发力 // 028
尊重孩子的想法和感受 // 032

第3章
表扬批评并举：因事制宜激励孩子积极主动

用智慧的方法对待孩子犯错 // 037
孩子也要面子，批评也要在私下 // 041
赏识教育，能挖掘出孩子身上的巨大潜力 // 044
"手套效应"：鼓励孩子树立自信心 // 047
积极的心理暗示，能产生积极的教育效果 // 051

第4章

处理问题行为：用肯定和鼓励唤回孩子的积极性

孩子小小年纪，撒谎成性怎么办 // 057

爱"偷东西"的孩子怎么引导 // 060

父母的打击，让孩子丧失自信 // 063

不给孩子贴"笨"的标签，是对孩子人格的尊重 // 066

正面标签，能给孩子积极的心理暗示 // 069

明确行为边界，让孩子知道能做和不能做的事 // 072

第5章

教育不可强制：孩子的积极性是引导出来的

好的家教应该略带幽默 // 077

孩子犯错误，挽救比"绳之以法"重要得多 // 081

鼓励你的孩子为未来筹划 // 084

了解孩子的成长规律，尝试理解逆反期的孩子 // 087

发现孩子的兴趣爱好并加以引导 // 090

了解孩子的心理，走进孩子的内心世界 // 094

第6章

培养情绪韧性：别让挫折吞噬孩子的积极性

引导孩子学会正视考试失利 // 099

你的孩子，不会轻易被挫折打倒 // 102

"输不起"的孩子容易消沉怠惰 // 105

提升孩子面对挫折的情绪管理能力 // 109

挫折教育必不可少 // 112

乐观的心态要从童年开始培养　// 116

第7章
克服依赖心理：孩子早晚要脱离父母独立生存

适时放手，让孩子从小学会自己的事情自己做　// 121
孩子的意志，父母不可一味压制　// 125
学以致用，鼓励孩子多参加社会实践　// 128
不必让孩子听话，但要让孩子自己承担后果　// 130
参与家务劳动是孩子未来生活的必要准备　// 134
杜绝溺爱，磨砺、锻炼才能培养出积极主动的孩子　// 138

第8章
调整学习心态：爱上学习才能自觉学习

缺乏学习兴趣引发孩子学习怠惰　// 143
效率低的孩子，学习缺乏积极性　// 146
适度期望，别过分看重孩子的成绩　// 149
孩子处理不好人际关系，不愿意上学怎么办　// 152
正确的学习动机，是孩子积极主动学习的前提　// 155
肯定孩子的兴趣，引导孩子产生明确的学习目的　// 158

第9章
给予爱的滋养：让孩子积极主动、向上成长

培养孩子成为一个贴心、善解人意的人　// 163
追求完美的孩子，如何正确引导　// 166
幽默的孩子更加快乐、聪明　// 169

接受并喜欢自己，是孩子拥有自信和勇气的前提 // 172

相信孩子，其实就是相信你自己 // 175

告诉孩子要以感恩的心面对生活 // 178

第10章
习惯决定未来：自律成熟的孩子更有出息

懒惰是孩子学习乃至生活中的天敌 // 183

身心发展中的孩子须学会抵御诱惑 // 187

孩子爆粗口要尽早予以纠正 // 191

杜绝心浮气躁，磨炼孩子的自制力 // 194

纠正孩子马虎粗心的习惯，从培养孩子的责任心开始 // 197

参考文献 // 200

第1章

培养竞争意识：
让竞争激发孩子内在活力

现代社会，竞争之激烈早已尽人皆知，而在这样的大环境下，在家庭教育中，我们也要有意识地培养孩子的竞争意识，这样不但有利于提升孩子的竞争能力，更有助于培养孩子积极主动的意识，因为竞争可以激发人们内在的活力。当然，孩子毕竟还小，在竞争过程中，还需要家长的引导，为他们构筑良性的竞争环境，孩子才能更好、更快地成长。

勇气和实力,是孩子竞争力的底气

竞争的力量会让一个人发挥出巨大的潜能,创造出惊人的成绩。因此,每一位家长都应该让孩子树立起竞争意识,并把培养孩子竞争力作为当前家庭教育的一项内容。

然而,在现实生活中,由于很多孩子是家中的独生子女,他们能够得到很多的关爱,长辈舍不得让孩子受一点委屈,半点挫折。这些从小在蜜罐里长大的孩子就像温室里的花朵,没有竞争意识,从小不注重勇气和实力的培养,经不起风吹雨打,自然也见不到美丽的彩虹!于是,生活中出现了很多的"啃老族"。所谓的"啃老族",就是孩子已经成年还在"吃父母",靠父母。这就是家庭教育的失败,没有父母的宠惯,不会有这样的孩子,因此,在我们着力培养孩子的自觉性和主动性时,我们要先培养孩子的实力和勇气,才能让孩子在未来社会的竞争中不被淘汰。

在姚明四岁生日时,他得到了一个篮球。九岁那年,姚明开始在上海徐汇区少年体校接受业余训练。由于从小受到家庭熏陶,他对篮球的悟性逐渐显露。五年后,他进入上海青年队;十七岁入选国家青年队;十八岁穿上了中国队队服。

在十八岁入选中国国家篮球队之后,姚明的表现进一步成熟。在2001年的亚洲篮球锦标赛上，姚明每场贡献13.4分，10.1个篮板和2.8次盖帽，投篮命中率高达72.4%，帮助中国国家队夺得冠军。

2000年奥运会期间，姚明平均每场拿下10.5分和球队最高的6个篮板、2.2次盖帽，他平均每场63.9%的投篮命中率也无人能比。在美国当地时间2002年6月26日的选秀大会上，休斯敦火箭队顺利挑到了中国的中锋姚明，他也成为联盟历史上第一个在首轮第一位被选中的中国球员。

在姚明加盟休斯敦火箭队之后，他成为继王治郅和巴特尔之后第三位登陆NBA的中国球员。

在NBA的第一个赛季中，姚明表现出色，入选了NBA全明星首发阵容，成为第一个获此殊荣的亚洲球员。在2004年，他连续两次获得NBA全明星赛的首发位置。

姚明之所以在体坛有如此成就，是因为他有实力，有实力的孩子不怕竞争，在姚明身上就是一个最好的显现。

物竞天择，适者生存，当今社会更是一个处处充满竞争的社会，一个真正的有才能的人除了敢想敢做以外，还要用知识武装自己的头脑，这样才能在失败中总结教训，在成功中积累经验。"宝剑锋从磨砺出，梅花香自苦寒来"，作为父母，必须让孩子磨炼出这种品质和能力，让孩子在未来社会中做个勇敢、有实力的人！

竞争可以激发孩子内在的活力

竞争，在字典里是这样解释的：为了自己方面的利益而跟人争胜。良性竞争是发展自己、提高自己的动力，所以倡导良性竞争是很有必要的，尤其在竞争如此激烈的当今社会里，只有学会竞争，才能更好地适应社会。一些有特殊才能的科学家、艺术家等的实践表明，他们的成就与个性品质有密切的联系。鲁迅的话就很能说明问题："我哪里是什么天才，我只是把别人喝咖啡的工夫都用在了工作上。"另外，能力和自信心是密不可分的，自信心强、勇敢的人往往能扬长避短，能力发挥得更充分。

关于这点，心理学上有个"鲶鱼效应"。这一效应的由来如下：

在北欧的挪威，人们都喜欢吃沙丁鱼。

一般来说，活鱼比死鱼贵得多，沙丁鱼也是如此，所以当地的渔民为了让沙丁鱼活着回到渔港，想了各种方法，但收效甚微。

奇怪的是，在这些渔船中，有一条船能让大部分沙丁鱼活着回到渔港。船长严格保守着秘密，直到他去世，谜底才揭开。

原来，船长在装满沙丁鱼的鱼槽里放进了一条以鱼为主要食物的鲶鱼。鲶鱼进入周围充满沙丁鱼的鱼槽后，由于环境陌生，便四处游动。沙丁鱼看见陌生的鲶鱼，自然十分紧张，四处躲避，加速游动。这样，缺氧的问题就迎刃而解了，沙丁鱼也就不会死了，一条条活蹦乱跳地到达了渔港。

"鲶鱼效应"告诉我们，竞争可以激发人们内在的活力。在教育中也是如此，父母应该培养孩子的竞争意识。

有位妈妈有这样的隐忧："儿子已经九岁了，身体的发育超越了同龄的孩子，高高的个子，健壮的身体，帅气的面庞，可他的心理年龄依旧停留在小娃娃的阶段，尤其在勇敢、独立和竞争方面让我着急，让我不知所措。儿子父亲因为工作原因常驻国外，孩子的教育基本都是我一肩挑，家里的住房面积比较大，空旷的房间里，楼上楼下就我们两个人，楼上有个窗动门响的，他就躲在我后面，手指着楼梯说：'妈妈，你走前面，让我们上去看看！'一脸恐惧的样子。如果晚上睡觉，他半夜醒来，必定要打开所有的灯，跑到我房间找我，在我身边睡觉。有时，我故意跑到客厅的沙发上睡，看他半夜起来，还找不找我！无可救药的是，他居然找到客厅，宁愿躺在地板上睡，也不回自己房间。

"儿子在小区里有三四个要好的同学，他们经常到我家玩电子游戏，像赛车、三国。他们在一起很友好，但友好得让我有点担心：他们从不比第一。我自己的竞争意识已经很淡了，所以儿子也对竞争很淡漠。我现在开始担心，我从以前就没有培养他的竞争意识和独立性，他长大以后能自立吗？"

这位妈妈的隐忧是有道理的，不愿意做元帅的士兵就不是好士兵，必须从小培养孩子的竞争意识，教诲他们适者生存。

也有越来越多的家长认为，"乖孩子"已经不适应社会了，要想将来不被社会淘汰，就要从小具备竞争意识。为此，家长们纷纷出"奇招"为孩子在竞争中获胜创造条件，如带孩子参加招聘会、给孩子报名参加各种比赛等，让孩子从小体会到成人世界的压力，并将压力转变为学习的动力，让孩子具备实力。这样的孩子自然不怕竞争，在竞争中也有勇气过五关斩六将，最终获得成功。

当然，我们运用"鲶鱼效应"激励孩子时，并不是简单地找几个学习更好的孩子作比较，而是要讲究一些方法。

（1）在给孩子寻找竞争对手时，是找一个还是几个，这需要家长根据孩子的情况决定。

（2）注意给孩子寻找竞争对手的时机。在孩子取得一定成绩，并有暗自得意的征兆时着手最合适。

当然，还应注意的是，我们需要培养的不仅是孩子的竞争意识，还有面对竞争的正确心态，因为竞争意识会随着孩子的成长而逐步形成，孩子的心态才是最重要的。只有建立良好的心态，才有正确的竞争意识，面对充满激烈竞争的世界，家长在教育孩子拥有竞争意识的同时，也要培养孩子的友爱意识，否则他们会在竞争中变得冷酷无情。

让孩子明白，只有与嫉妒告别才会获得胜利

有一天，果果妈妈正走出小区，准备上班去，碰到了楼上的邻居，这位邻居的儿子也刚上初一，和果果在同一个学校。

邻居对果果妈妈说："现在的孩子，怎么小小年纪就有嫉妒心呢？对门张姐的女儿成绩好，我无意中夸了一句，儿子就愤愤不平地说：'老师包庇她。'开始我也没当回事。期末考试前，那女孩的几张复习试卷丢了，就来我们家向我儿子借着复印，儿子一口咬定卷子借给表妹了。可是儿子根本就没有表妹。我当时真是六神无主了，儿子怎么会这样呢？我意识到问题的严重性，因为嫉妒可是'思想的暴君，灵魂的顽疾'呀……我想帮助儿子改掉嫉妒的心态，可我真不知道怎么办。果果妈，你说我该怎么办？"

我们每个人都生活在一定的人际关系内，都会不自觉地与他人作比较，当发现自己在才能、体貌或家庭条件等方面不如别人时，就会产生一种羡慕、崇拜、奋力追赶的心理，这是上进心的表现；但有时也会产生羞愧、消沉、怨恨等不愉快的情绪，这就是人的嫉妒心理。

不只是我们成人，孩子也有这个问题。每个孩子都有几个朋友，但这些孩子间似乎都有一个威胁友谊的杀手——嫉妒，因为在同龄的孩子之间，往往免不了竞争，因此，一些孩子在面对比自己优秀的朋友时，就会心理不平衡：

"和他做朋友，感觉自己像个小丑一样，简直是他的附属品"，这种心理很多孩子都有过。

作为孩子的第一任老师，父母在培养孩子健康的竞争心态上起着极为重要的作用。在培养孩子竞争意识的过程中，也应让孩子明白，竞争不应是狭隘的、自私的，竞争应具有广阔的胸怀；竞争不应是阴险和狡诈的，也不应该暗中算计人，而应是齐头并进，以实力超越；竞争不排除协作，没有良好的协作精神和集体信念，单枪匹马的强者是孤独的，也是不易成功的。

那么，当孩子产生了"嫉妒心"，父母该怎么办呢？

1. 让孩子认识到嫉妒心理的危害

只有让孩子改变认知，让孩子认识到嫉妒的危害性，他才会有意识地克服嫉妒心。那么，嫉妒心的危害有哪些呢？

（1）对自己而言，嫉妒只能说是一种自我折磨，因为嫉妒、憎恨别人又无法启齿。这样，只会让自己在痛苦中煎熬。有人曾说过嫉妒心是不知道休息的，它具有最持久的消耗力，会直接影响人的身体健康；不仅如此，心怀嫉妒的人，往往妒火中烧，忧心忡忡，人际关系紧张。因为通常情况下，心怀嫉妒的人会把这种消极情绪转化为行动，如对嫉妒对象冷言冷语、背后说坏话、故意挑毛病等，设法令对方难堪，打击其自信心。

（2）嫉妒是达不到目的的。被嫉妒者往往因挫折而勇敢进取，更显优秀。你因嫉妒而试图伤害对方的行为，只能激发对方的斗志，对方会更加进步，而你只能停留在嫉妒中不能自拔，可见，嫉妒无损他人而折磨自己。

（3）嫉妒是丑陋的。从近处说，它破坏友谊，集体中互相学习互相帮助，共同进步的正气令人多么愉快，而嫉妒者不顾同学之情、朋友之谊，为发泄憎恨而干损人不利己的蠢事，结果只能被集体嘲笑和孤立。从远处说，一旦道德堕落，干出伤天害理之事，还将受到社会谴责、法律惩处。

2. 教育孩子在竞争中要学会宽容

现实生活中，部分在竞争中失败的孩子，往往会流露出不高兴的情绪，会对对手充满敌对情绪，从这点也能看出这些孩子还不能用正确、积极的态度面对竞争，这就要求家长在培养孩子竞争意识的同时，还要培养孩子正确的竞争心态，要告诉孩子，在竞争中要宽容待人，让他明白竞争应该是互相接纳和包容的，而不是狭隘的、自私的。

3. 教孩子在竞争中合作

竞争愈是激烈，合作意识就愈是重要。只有竞争没有合作，只能带来同学关系的紧张，给自己平添许多烦恼，对生活和学业都非常不利。

例如，你可以告诉孩子："这次足球比赛中，××队的确赢了，但你发现没，他们这个队合作得非常好。实际上，你们班足球队里的每个队员也都有各自非常好的优势，但有个缺点，那就是你们好像都只顾自己，这是团队赛中最忌讳的。"

总之，作为家长，培养孩子的竞争能力，就要让孩子明白，只有与嫉妒告别的人，才有可能获得最后竞争的胜利。

引导孩子以正确的心态与竞争对手相处

人类社会，本身就是一个竞争性的社会，知识经济时代到来后，人们的竞争意识更为强烈，可以说，我们生活的周围，无时无刻不存在着竞争。其实，也正因为这些竞争对手的存在，我们才更具动力和活力，才会有危机感，才会有竞争力。所谓"狭路相逢勇者胜"，正是这样，才使你认识到自己的不足，才使你认识到要发展自我，才使你认识到社会乃至整个世界都无时无刻不在进步，在前行。对手就犹如一面镜子，能照出你自己的特征，也能激励你不断学习，不断发展。

可见，对手的存在，并不仅仅是个威胁，在很多时候，他们还是激励我们进步的伙伴，同样，作为父母，我们在培养孩子竞争意识和帮助孩子树立正确的竞争心态的过程中，也要告诉孩子，要以这样的心态对待对手，那么对手就不是你的敌人，而是你的朋友了。

郑太太是一名家庭主妇，她一直很关心儿子的生活和学习情况。这天傍晚，老师打电话给她，她的儿子天天这次考了第二名，还不错，与第一名的成绩相差不多。郑太太心想，没拿到第一名，天天回来肯定不高兴。

过了一会儿，天天回家了，告诉郑太太："妈，我这次考得不是很好，还是没超过王丹丹。"

"没事，下次继续努力就是，不过话说回来，儿子，你恨她吗？"郑太太装作不经意地问。

"为什么要恨她呢？"

"因为她是你的对手啊！"

"可是，如果不是她，我怎么知道要努力学习，又怎么能进步呢？"

郑太太放心了。儿子能这么想，她感到十分欣慰。

案例中，天天的回答说出了对手对一个人成长的作用。

那么，家长要如何引导孩子和竞争对手相处呢？

1. 告诉孩子要承认对手的能力，为对手叫好

家长可以告诉孩子：当我们自己取得成功的时候总是兴奋不已，希望有人为自己鼓掌。可是当身边人，包括你的对手取得成功的时候，你该怎样面对呢？是嫉妒还是欣赏？是大声叫好还是不屑一顾？尤其是你平日与他相处得很紧张、很不快乐的人成功了，这时候，你为他鼓掌，会化解对方对你的不满和成见，改变他对你的态度，他会觉得你付出了自己的真诚，从此，他也会给予你支持。人都是这样，死结越拧越紧，活结虽复杂，却容易打开。

2. 告诉孩子要学会为对手付出

为自己付出容易，为他人付出难，为自己的对手付出更是难上加难，需要孩子有宽宏大量的精神，而且这种付出，不仅仅是物质上的，还有精神上的。

因此，我们可以告诉孩子：别人处于困境时，你的一句简单的鼓励，都可能让对方重新站起来。当别人取得成就时，你的一句简单的"恭喜"就是最好的礼物。很多人在面对竞争对手的时候，采取的是打击的方法，这样做还不如化敌为友、化干戈为玉帛。想把对手变成朋友，就要舍得为他付出，当对

方陷入困境的时候,你要保持冷静,不能见机踹他一脚;当你成功的时候,不要在对方面前趾高气扬,要克制自己,不流露出得意的神情。做到这些就是付出,勇敢地付出。

当然,如果你的孩子也能和案例中的天天一样以宽容、大度的心对待竞争对手,那么你应该感到欣慰,因为在未来人生路上,他会更加出色。

好胜心强的孩子，如何引导

美国著名心理学家布鲁纳曾经指出，好胜的内驱力可以激发人的成就欲望，可不注意引导就会导致孩子在相互的竞争中产生嫉妒心理。嫉妒过于强烈，任其发展，孩子就会形成一种扭曲的心理，即心胸狭窄，喜欢看到别人不如自己，还喜欢通过排挤他人取得成功。所以，从小培养孩子积极的好胜心对孩子的成长很有必要。

当然，父母只有了解孩子好胜心理产生的原因，才能有针对性地教育，避免孩子产生嫉妒心理；也才能让孩子拥有好心态，让好心态如同一把金钥匙，在孩子的成长过程中，为孩子打开"自我宝藏"的大门。

有位母亲这样对心理咨询师说："儿子小炜从小长得虎头虎脑，很讨人喜欢，一直以来都是我们家的开心果，我们也很惯他。小炜在幼儿园里的表现也很优秀，再加上他嘴甜，老师都很喜欢他。可以说，他是在大家的赞美声中长大，在无忧无虑的状态下生活的。

"自从升入小学后，小炜却不似从前那么活泼开朗了，有时候还会将郁闷的表情挂在脸上。我和丈夫同他沟通后，他告诉我们说班上谁谁得了第一名，谁谁又得了小红花，却没有他的份。看着儿子不服气的样子，我内心有点担心，儿子这么小就有了好胜心，说明他很有竞争意识，但一定要正确引导，否则会形成嫉妒心理！

"意识到问题的严重性后，我们决定正确引导孩子的好胜心。于是，在接下来的日子里，我们不再一味地鼓励孩子争强好胜，而是将重点放在了培养他良好的心态上，让他树立'胜不骄、败不馁'的信念。一方面，当儿子失败了，我们给他分析原因，也告诉他，结果是次要的，努力尝试的过程更重要。另一方面，经常在日常生活里给他暗示，告诉他在这个世界上，总会有人比你强，你真正的对手应该是自己，保持进步，超越自己，那才是最大的赢家。"

这位母亲的引导方法是正确的，家长可以借鉴。正确的引导能将孩子的好胜心转化为努力向上的动力。

1. 告诉孩子努力学习是获胜的基础

家长必须让孩子明白，要想在竞争中获胜，必须通过自己努力学习，掌握比别人更过硬的本领。对能力较弱的孩子，家长更应耐心引导，及时肯定孩子的点滴进步，让他们体会到成功的喜悦，培养他们的自信心。

2. 让孩子明白不伤他人是求胜的准则

家长在培养和引导孩子的好胜心时，特别要注意避免嫉妒心理的产生。父母要多从客观方面引导孩子，避免消极的、不与人为善的态度，不要时时拿自己孩子的长处和别人孩子的短处相比。

3. 教育孩子承认差异，奋进努力

现实中的人必然是有差异的，不是表现在这方面，就是表现在那方面。一个人承认差异就是承认现实，要使自己在某方面更好，只有靠自己奋进努力，嫉妒于事无补，而且会影响自己的奋斗精神。

4. 帮助孩子克服自私心理

好胜是个人心理结构中"我"的部分过于膨胀的具体表现，总怕别人比自己强，对自己不利。只有驱除私心杂念、拓宽自己的心胸，才能正确地看待别人，悦纳自己，即"心底无私天地宽"。

5. 帮助孩子形成正确的自我认识

孩子正处于身心发展的阶段，还不能全面地看问题，不能对自己和他人进行正确的评价，这就要求父母在与孩子相处的过程中，要让孩子懂得"人无完人，金无足赤"，每个人都有自己的长处，也有自己的不足。父母不但要正确地认识孩子，还要帮助孩子形成正确的自我认识。

6. 培养孩子宽容的品质

好胜心强的孩子，往往有自身的性格弱点。例如，与人交往时，喜欢做核心人物；当不能成为社交中心时，就会发脾气；同时，他们不会感谢别人，易受外界影响等。对有性格弱点的孩子，父母要悉心引导。在孩子面前，要对获得成功的人多加赞美，并鼓励孩子虚心学习他人长处，积极支持孩子通过自己的努力超越别人、战胜自己，使孩子的这种心理得到正当的引导。孩子学会了事事处处接纳他人、理解他人、信任他人，不仅会发现他人的许多优点，也会容忍他人的某些不妥之处，求大同存小异。只有这样，孩子的人际关系才会融洽、和谐。

7. 父母还可以让孩子充实自己的生活

如果孩子学习、生活的节奏很紧凑，生活过得很充实且有意义，孩子就不会把注意力局限在嫉妒他人身上。父母应该帮助孩子充实生活，让孩子多参加一些有意义的活动，转移孩子的注意力，使孩子把精力放在学习和其他有意义的事情上。

总之，父母要用正确的方法引导孩子健康成长，让孩子对自己有正确的定位。好心态能让孩子的内心世界更阳光，这样的孩子才能做好准备迎接未来社会的竞争！

第 2 章

转变教育观念：
用引导与鼓励培养自觉的孩子

生活中，我们经常听到有些家长抱怨自己的孩子太懒：学习上不积极、遇到熟人不打招呼、看见有人需要帮助也不伸手，甚至连洗脸刷牙都懒得做……说到底，这是孩子的主动自发力差。其实，要想培养出自觉主动的孩子，一味地"禁止""批评"并不能让孩子听话。我们的孩子需要的是引导、鼓励，因为孩子的天性是积极的，只是在后天的成长环境中逐步减少甚至丧失了这种积极性。

溺爱孩子，其实是害了孩子

在家庭教育中，我们强调的自觉、主动是一种良好的行为习惯，而好的行为习惯能照亮孩子一生。然而，一些父母认为，爱孩子就要给孩子充分的自由，就要给他们最好的东西，因此，一味地纵容，觉得"只要他喜欢就好""孩子高兴才是最重要的""这些规矩长大了孩子自然就懂"……然而，无规矩不成方圆，孩子在还小的时候，并没有明确的是非对错和规矩意识，这需要家长制订规矩进行约束和提醒。如果我们放任孩子，就会导致他们为所欲为，一个没有自制力与约束力的孩子，如何成人和成才呢？

与放任孩子形成鲜明对比的是一些父母对孩子管得过严，他们认为"慈母多败儿""棍棒之下出人才"，所以采取严格管制的教育方式，其实，这样只会教育出唯唯诺诺、胆小怕事的孩子。

这两种观点并非完全没有道理，但问题就出在这些父母处理矛盾的方式不是综合考量，而是走向了极端。这种非此即彼的选择，必然会给孩子的成长造成负面影响。家长们有必要认识到：规矩和爱本来就是统一的。

《家庭教育》一书中有这样一句话："有规矩的自由叫作活泼，没有规矩的自由叫作放肆；不放肆叫作规矩，不活泼叫作呆板。"听起来很拗口，但理解起来却不难：比如牧牛场，周围用铁栅栏围起来，牛在栅栏里吃草喝水，东奔西跑，这叫作活泼，放牛人不好干涉它；如果跳出栅栏，就是放肆，就不得不干涉。不出栅栏，这就是规矩；如果在栅栏里，却不准它吃草喝水，或是东奔西跑，如此就是呆板了。

同样的道理，如果我们给孩子的爱，造成了孩子的自私与懒惰，让孩子缺乏最基本的能力与教养，这种爱就是贻害无穷的。

相反，如果我们给孩子立的规矩，造成了家的冷漠和僵化，让孩子的天性受到压抑和扼杀，那么这种规矩就是毫无意义的。毕竟家的本质是内心的归宿，需要的是真诚的关怀和亲近，需要的是人情味儿和同理心。

对此，父母要明确以下教育规则：

1. 有些事，不能惯

有家长说："家里有规矩，但孩子耍赖也没辙啊！"这是很多家庭的通病：孩子不听你的原则，常常以哭闹、不吃饭要挟父母。这很大程度上是由于父母一而再再而三地降低底线。

例如，和孩子约定好每天只玩半个小时iPad，但孩子一哭闹，大人就妥协了，于是又多玩了半个小时。

被惯坏的孩子都有一个特点，就是他们的要求总是被满足。每次一出现问题，大人就妥协，只会给自己和孩子的将来造成更多麻烦。

2. 让孩子明白，自己的事尽量自己做

有的家长认为孩子还小，做事磨蹭，父母先帮孩子包办了，以后再培养也来得及。其实在孩子的每个年龄段，都有他们力所能及的事情要做。家长可以根据孩子的特点，告诉孩子什么事情是他自己要做的。

爱从来不是大包大揽，教会孩子解决问题的方法，而不是帮他解决问题，这才是真正的爱。让孩子多做一些力所能及的事情，时间久了，他才会在成长中学会自立自强。

3. 让孩子明白，自己必须学会承担责任

绘本《我永远爱你》中有这样的对话：

阿力："如果我把枕头弄得羽毛满天飞，你还爱我吗？"

妈妈："我永远爱你，不过，你们得把羽毛收拾好。"

阿力："如果我把画画的颜料洒在妹妹身上，你还爱我吗？"

妈妈："我永远爱你，不过，你得负责给妹妹洗澡。"

这个故事中的妈妈做得特别好，她不厌其烦地保证："我永远爱你"。同时又不忘强调：孩子，你要对自己的行为负责，你要尽可能想办法恢复或弥补你的所作所为带来的后果。

父母不能帮孩子逃避，而应该要求孩子为自己的错误言行承担后果，让孩子有面对错误的诚实和勇气。

父母都爱孩子，但更有责任培养出孩子的好品格、好习惯，这也是父母的责任，让规矩与爱的统一成就孩子的未来。

调整我们自身的行为习惯，树立积极的行为榜样

不得不承认，我们每个人从呱呱坠地开始，就归属于一个家庭，家庭也为我们的个性、行为习惯等打上了最初的烙印，这是人出生后最初的教育场所。家庭环境，父母的教育方式、言行等，都在一定程度上对孩子产生了影响，因而可以说，作为父母，如果我们希望教育出积极主动、自觉的孩子，首先就要调整我们自身的行为习惯；如果我们懒惰、消极怠倦，又怎能指望孩子积极进取呢？

小雨原本出生在一个富足的家庭，父亲是个勤勤恳恳的生意人，经营着一家规模相当大的公司，母亲是一位钢琴家。小雨从小酷爱钢琴，也许是母亲的遗传基因的缘故。在十岁之前，小雨生活得都很快乐。

然而，小雨十岁那年，父亲因车祸不幸去世，祸不单行，父亲留下的财产也被生意对手用奸计抢走，母女俩流落街头，最后被一个铁匠收留。小雨的母亲为了给孩子一个家，就嫁给了铁匠。然而，铁匠的名声很差，生意也很差，没有经济保障，母亲和他经常吵架。

刚开始的时候，母亲为了抚养女儿，去做临时工，因为她知道女儿想成为一名钢琴家。可是继父总会出言讥讽她，说女孩学这些都是白花钱，没有任何意义，久而久之，母亲也逐渐淡忘了这件事。

后来，铁匠的生意越来越差，他的手艺也越来越不受欢迎，生活每况愈下，他更多地沉浸酒海之中，每当他外面受委屈，小雨和母亲就成了他的出气筒。母亲每日只能以泪洗面，小雨也变得越来越忧郁，最后只好辍学……

实在无法想象，一个本来活泼可爱、开朗大方的女孩怎么会变得如此消沉？她的生命路线已经脱离原来的轨道，而这一切发生的原因，可以归结为她的生存环境。假如小雨的生父还在，假如她依然生活在那个健康积极的家庭中，她或许是另外一副模样。

有人说，孩子犹如一株嫩苗，只有在一个和谐的家庭中才能健康地成长。为了孩子，也为了全家的幸福，父母们应该随时保持好心情，从而为孩子创造一个良好的成长环境。

瑞典教育家爱伦·凯指出：环境对人的成长非常重要，良好的环境是孩子形成正确思想和优秀人格的基础。这个案例也充分说明了家庭环境对人的影响之大。

父母是孩子的镜子，孩子是父母的影子。只有积极进取的父母，才能培养出积极进取的孩子。孩子时时刻刻把父母作为自己的榜样，父母的一言一行都在影响着孩子，身教重于言教就是这个道理。因此，父母平时就要注意自己的言谈举止，要养成自制、积极的行为习惯，如主动帮助他人、努力工作、勤奋学习等，这些能强化孩子的意识，使孩子产生一种积极的仿效心理。

曾经有一项跟踪调查，调查是从孩子的婴幼儿时期开始的，其结果表明，那些在和谐、有爱的家庭环境下长大的孩子，更具备这样一些优势：宽容大方、积极乐观、努力上进、求知欲强，且智力发展水平高、有开拓进取精神、思想活跃、合作友善、富于同情心。

相反，那些小小年纪被送进少管所的孩子，很多人的家庭关系不好，如父母吵架、离婚，对孩子的教育不重视。这些因素严重影响了孩子的身心健康发展，导致孩子走上歧途。

　　生活中，我们每个人都像一只小船，而只有家庭，才是我们的港湾，它能给我们带来安全感。同样，每一个孩子也需要这样一个温馨、和谐的家，只有在这样的家庭环境中，孩子才会感觉到轻松、安全、心情舒畅、情绪稳定，从而形成良好性格。因此，从这一点看，家庭中的父母长辈，也都应该以快乐的情绪生活，并为孩子营造一个温馨和睦的家庭氛围。

　　总之，轻松和谐的家庭气氛、行为积极主动的父母，可以给孩子良好的影响，每一位家长都应从让孩子形成优良的个性品质、健康发育成长的角度出发，为孩子做好行为的表率，以利于孩子成长。

小心过度批评对孩子造成的伤害

我们都知道，为人父母，除了给孩子生命，还需要教育他们，孩子犯错了，批评管教少不得，而孩子心灵是脆弱的，我们批评教育孩子，千万不能过度。任何批评都必须讲方法，如果孩子犯错，就采取谩骂、呵斥的方式，那么不但不能让孩子接受并改正错误，还有可能让孩子产生逆反情绪，严重的会打击孩子的积极性，使孩子丧失自信。

然而，生活中，很多父母却经常犯这类的错误。有的家长三番五次地对孩子说："跟你说过多少遍，做作业的时候不要玩其他的。"可是孩子还是边学习边玩。一些孩子喜欢打架，虽然妈妈经常劝阻，可孩子还是"恶习"不改。面对孩子的网瘾，父母强行干涉，结果把孩子逼急了，孩子居然离家出走……

实际上，父母过分的叮嘱、管教不但不能达到预期的效果，反而会使孩子更容易做出逆反的行为。因此，父母在教育孩子的时候，应把握一个度，时间不能过长，内容也不应过多。

到吃饭时间了，妈妈做好了饭，准备喊四岁的儿子吃饭，可是叫了几遍，儿子都没反应，还是在玩玩具。妈妈生气了，她一天忙里忙外，要工作，还要照顾孩子。她一气之下夺走了儿子手上的玩具。儿子也不高兴了，跟妈妈抢了起来。妈妈这下可火了，把孩子说了一顿。可是，说完之后，看着躲在墙角哭得惨兮兮的儿子，她又心软了，开始后怕：自己这样批评孩子，会不会给他留下心理阴影？

可能很多妈妈都遇到过这样的困扰：孩子难免会犯错，不批评是不可能的，可批评会不会过度呢？或者说，怎样批评，才能既起到教育作用，又不伤害孩子呢？

心理专家告诉我们，了解孩子的承受能力，并选择适合的批评方式，会帮助父母找到平衡。具体而言，父母们必须掌握几个说话原则：

1. 注意时间和场合

批评孩子要避免三个时间：清晨、吃饭时、睡觉前。在清晨批评孩子，可能会破坏孩子一天的好心情；吃饭时批评孩子，会影响孩子的食欲，长此以往会对孩子的身体健康不利；睡觉前批评孩子，会影响孩子的睡眠，不利于孩子的身体发育。

2. 批评孩子之前先让自己冷静下来

孩子犯了错，家长担心孩子学坏很正常，难免会产生一些情绪，但千万不能因为一时情绪而说出不该说的话，做了不该做的事，伤害到孩子。

3. 先进行自我批评

父母是孩子的第一任老师，孩子犯了错，父母或多或少会有责任。在批评孩子之前，如果父母先做一番自我批评，如"这件事也不全怪你，妈妈也有责任""只怪爸爸平时工作太忙，对你不够关心"等，会让家长和孩子的心理距离一下子拉得很近，会让孩子更乐意接受父母的批评，还可以培养孩子勇于承担责任、勇于自我批评的良好品质，一举多得，父母又何乐而不为呢？

4. 一事归一事

有些父母很喜欢"联想"，一旦孩子犯了什么错，就会联系孩子犯过的所有错误，甚至给孩子贴上"坏孩子"的标签，这样只会给孩子造成心理阴影。事实上，在批评孩子的时候，我们要就事论事，要明白自己的批评只是为了让他知道做什么样的事会带来什么样的后果，而不是为了证明孩子一无是处。

5. 给孩子申辩的机会

导致孩子犯错的原因是多种多样的，有孩子主观方面的失误，也有不以孩子的意志为转移的客观原因。从主观方面而言，有可能是有意为之，也可能是无心所致；有可能是态度问题，也可能是能力不足；等等。

因此，孩子犯错后，不要剥夺孩子说话的权利，要给孩子一个申辩的机会，让孩子把自己想说的话和盘托出，这样家长会对孩子所犯的错误有一个更全面、更清楚的认识，对孩子的批评更有针对性，也让孩子能心悦诚服地接受批评。

6. 批评孩子之后要给孩子一定的安慰

孩子犯错后，情绪往往会比较低落，心情往往也会受到影响。父母在批评孩子后，应及时给孩子一些心理上的安慰，从语言上安慰孩子，如"没关系，知道错了改正就行""我知道你是个聪明的孩子，自己会知道怎么做""爸爸妈妈也有犯错的时候，重新再来"之类的话。

在家庭教育中，父母对孩子的说教应注意"度"。如果"过度"，容易使孩子丧失自信；如果"不及"，又达不到教育的目的。掌握好分寸，做到"恰到好处"，才能使你的训导对孩子起到"四两拨千斤"的作用。

用引导与鼓励激发出孩子的主动自发力

"可怜天下父母心",普天下的家长都希望自己的孩子能让自己"省心",希望孩子能主动地学习,也希望孩子能以健康的心态,"吃得开""玩得转",这样的孩子就是主动自发力强的孩子。所谓主动自发力强的孩子,就是他们无论在学习生活,还是在为人处世等方面,在没有人告知的情况下,就能做出恰当的事情。他们所做的事情,没有人提醒,更没有人要求,完全是他们的自觉行为。

两次获得诺贝尔物理奖的居里夫人,出生在波兰,她三四岁时就常常专心致志地听哥哥姐姐念书,并很快学会看书,一首诗,只要看两遍,就能一字不差地背出来。六岁时,她进入一所私立小学,尽管比周围的同学年龄小,但她却是一个出色的学生,功课永远第一。她读书非常专心,不管环境多么喧哗、吵闹,她都能双肘支在桌子上,手指堵住耳朵,全神贯注地读书,仿佛周围的一切都不复存在。居里夫人幼年时的这种自控能力表明她有很强的自主意志。

遍翻中外名人传记,这些名人大都在孩提时就有较高的自主能力,这也是自制力的一种。主动自发力也是一个成功的人必备的素质和能力,凡事积

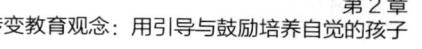

极主动的人才能抓住成功的机遇，并能得到他人的欢迎与尊重，招人爱，惹人疼。他们身上有很多令人叹为观止的优点，正是这些优点，让他们成功。于是，培养孩子的自动自发力成为每个家长的必学功课。

现在我国的经济发展了，生活好了，很多家庭进入小康水平，但正是这样的环境，却培养出很多"小王子""小公主"，连父母老师布置的任务都不愿完成，更别说自觉性了。现实生活中，也有诸多家长抱怨孩子越来越难以管教，费尽九牛二虎之力，孩子依然不懂事、德行差、依赖性强、学习成绩不尽如人意。究其原因，不是孩子天生就笨，或家长能力不够，也不是他们不爱自己的孩子，更不是他们不愿让孩子得到最好的教育，恰恰相反，正是家长在这份无边的爱的驱使下，什么都为孩子包办，不仅使孩子缺少自主表达的机会，而且使家长在无怨无悔的爱的付出中忽略了对孩子自主意识的培养，扼杀了孩子自主自发地独立解决问题的机会。

那么，家长应该怎样帮助孩子获得较强的主动自发力呢？以下是教育心理学家给出的几点建议：

1. 帮助孩子发展管理负面情绪的技巧

我们要让孩子了解什么是负面情绪，以及负面情绪的危害，并让他学会表达和控制自己的负面情绪，这就是情绪管理能力。

2. 帮助孩子树立自信

自信的孩子，在面对别人的恶意攻击时能沉稳以对，并拥有良好的抗挫及抗压能力，在人际关系中也会得心应手。事实上，父母对孩子的评价，对其自信有着直接的影响，因此，若平时只是批评而极少给予表扬，父母就会在不知不觉中打击了孩子的自信。父母可以坐下来，写下孩子值得欣赏的优点。应该注意的是，这些优点不该是和别人比较的结果，而是孩子本身具有的特质。比如，"很有爱心，对小动物很好""很有礼貌，会主动和朋友打招呼"等人格特质，而并非"每次都名列前茅"等建立在比较之上的结果。如果要称赞孩子的学习表现，"学习很认真、负责，会自我督促读书"就是更好的理由。多鼓励和肯定孩子，让他充满自信，这有利于大幅提高他的情商、能力。

3. 培养孩子乐观积极的态度

对孩子而言，父母可以给他们的最佳的礼物就是一份乐观的心态。心理学的研究发现，只要孩子对自己持正面的看法，对未来有乐观的态度，那父母就大可放心，孩子这一生离幸福不会太远。乐观孩子的重要表现之一，就是懂得对事情做正面的思考。有一个孩子，老师有一次当众批评了他的历史成绩。大多数孩子都会因此觉得有失颜面而耿耿于怀，然而他做了心态上的调整，笑着跟妈妈说："幸好老师批评的是我最烂的科目，如果我最好的一门科目还被他批评，那我不就更惨了。"这就是正面思维的能力，有这样的正面思维能力，就是乐观特质的体现。正向思维能力是在日积月累中形成的，只要平时多花点心思，父母就能帮助孩子培养出乐观的正向思考习惯。

4. 培养孩子的人际互动能力

现在很多孩子是独生子女，所以父母应该多安排些机会，欢迎孩子的玩伴到家里和孩子一起玩耍、学习，以及共同度过生命中的重要时刻，家长可以借机观察孩子：在和别人的互动当中，他是主动和他人说话，还是害羞不开口？当别人跟他说话的时候，他是什么反应？万一与他人发生矛盾，他又是如何回应的？可以把这些记录下来。同时，父母可以鼓励孩子主动向他人提供帮助，这是团队协作能力中很重要的一个特质，孩子就能够形成团队意识及协作能力。日后无论对工作还是生活，皆大有助益。

主动自发力强的孩子，具有高度的自觉意识，他们有主见、有创意、懂回报、有爱心、会学习、会思考、会交往，既乐观自信又坚强不屈，而这些能力的培养，需要家长的引导和鼓励。培养孩子的积极心理，能大大增强其心理免疫力，使其得以应对学习和生活中的低潮与挑战，有能力经营一个成功与快乐并存的美好人生！

尊重孩子的想法和感受

在家庭教育中，一些家长在要求孩子做事时，往往喜欢使用命令句式，因为他们认为，孩子天生是听话的，应该由家长决定他的一切，如"就这样做吧""你该去干……了"。这种语气会让孩子觉得家长是说一不二的，自己是在被迫做事，即使做了心里也不高兴。

其实，真正有效的教育方式是鼓励和引导孩子，激发孩子做事的积极性，对这种情况，家长不妨将命令式语气改为启发式语气，如"这件事怎样做更好呢""你是否该去干……了"，这种表达方式会让孩子感觉到家长对自己的尊重，从而引发孩子独立思考与判断，按自己的意志主动处理事情。

在家庭教育中，父母还需要注意以下几点：

第一，不要把你的观点强加给孩子。你越是将自己的观点和价值观强加于孩子，并自以为他会与你分享，他拒绝接受的可能性就越大，即便一个较小的孩子也是如此。

因此，家长要想办法弄清孩子的想法。例如，你可以这样说："我喜欢这个想法，但重要的是你如何看待。"而不是说："太棒了，你不这样认为吗？"或者可以说："你怎么看待那个电视节目？"而不是说："那个电视节目简直就是胡说八道。"

第二，不要把你的兴趣和爱好强加给孩子。这是个性差异使然，很多有所成就的家长都希望自己的孩子能按照自己的兴趣、爱好，甚至自己为他规划的人生走，早有"子承父业"之说，生活中这样的例子也数不胜数：医生的女儿当医生，教授的女儿当老师……

父母总把孩子放在自己的掌心，而孩子却渴望一片自己的天空。这种"独裁"只会把孩子从你身边拉走。家长们太喜欢包办代替，操心受累之余还总爱不无委屈地说一句："我什么都替他想到了，能做的我都做了，我容易吗？"可是对于这一"替"，孩子不但不领情，反而加剧了他们的逆反心理，尤其是进入青春期的孩子，他们更愿意固守自己的意志而拒绝家长的"好心"安排。

父母的良苦用心不言而喻，但有没有尊重孩子的兴趣，让孩子挑选自己感兴趣的东西呢？家长应该发现和培养孩子的兴趣。

大多数时候父母都会认为，孩子还小，很多事情他们不懂，我们选择的对他们才更有好处。殊不知，孩子虽小，却也有鲜活的思想和情感，有自己的兴趣。只有从兴趣出发，孩子才能自主地学习，才能学得又快又好，才能享受到学习的乐趣。

第三，当孩子产生情绪或者做出你不能容忍的事，向他说明你的想法和感受。当你感到愤怒、难过或者沮丧，请说出来并向他说明原因，切勿大喊大叫。

法国哲学家尤伯尔说："孩子们需要榜样，而不是批评家。"如果你的孩子看见你为他做出表率，那么他也会学习自在地发现并表达自己的思想和感受。以下是父母需要做到的：

（1）接纳孩子的感受。你只有先接纳孩子的感受，孩子才有可能接纳自己的感受并学会表达自己的感受。

（2）引导孩子学会表达自己的需求。你可以对他说："我知道你现在很难过，给你一个拥抱，你会觉得好点吗？"这样的话能让他放松地表达自己的想法，他可能会说："我现在心情不好，我是想得到一些安慰。"

（3）孩子的嫉妒、愤怒、沮丧及怨恨的感受，应该是可以接受的，而不应该遭到惩罚或拒绝。同时要让孩子明白，虽然可以有这样的感受，但不可因为他的感受而伤害他人。

（4）给出一些关于情绪表达的不完整的句子，让他尝试补充。

比如："当……的时候，我会感到难过""当生气的时候，我……""当……的时候，我觉得特别开心""当……的时候，我感到情绪沮丧""当……的时候，我往往选择放弃""当受到斥责时，我想……"

家长还应告诉孩子，要为自己的情绪和行为负责。当你的孩子因愤怒而开始破口大骂时，你告诉他应该尝试用其他方式表达自己的愤怒，而不是脏话。

总之，家长应该接受孩子的所有情绪，再帮助他排解。毕竟，孩子应该有自己的感受和情绪，这才是一个有血有肉、有真性情的人，而不是作为你的傀儡存在。

在家庭教育中，我们都希望孩子乖巧、听话，但我们要清楚一点，孩子并不是父母的私有财产，如果希望孩子样样服从自己的安排，结果将会适得其反。家长在言行上的矛盾教育会让孩子无所适从。家长在学习家庭教育理论知识的同时，还要善于反思、总结，不断提高自己的素养、转变自己的旧观念，把理论灵活地运用到实践中，才能有好的效果。对家长而言，引导孩子去做事是一项漫长而艰巨的任务，也可以说是一生的课题。总之，家长不要强迫孩子听话，把什么都强加给他。

第 3 章

表扬批评并举：
因事制宜激励孩子积极主动

很多人会问："对人一生产生影响的因素中，哪一种因素的作用最大？"毋庸置疑，一定是父母。有一部纪录片讲述了这样的故事：一位父亲无意中的一句话，不仅影响了其女儿在童年时期审美观的形成，还直接影响了其婚姻质量。教育心理学家建议：无论是表扬还是批评，父母一定要选择得当的话语，孩子的主动来源于父母的鼓励，相反，不恰当的批评很可能会影响孩子一辈子。

用智慧的方法对待孩子犯错

我们都知道,孩子在成长的过程中,不可能不犯错,犯错是他们探索世界和学习的过程,孩子犯错的原因有很多,可能是孩子不专心、没耐心,或者是能力不够引起的,但无论哪种原因,我们都要温柔对待孩子的错误,并耐心地帮助孩子改正错误,而绝不能不问青红皂白、劈头盖脸横加指责,否则很容易导致孩子产生自卑感,或者抗压能力差。

事实上,人的学习自古至今都遵循这样一个过程:错误、学习、尝试、纠正。在这个不断循环的过程中,人得以成长。教育孩子,父母需要遵循这个规律,温柔地对待孩子所犯的错误,让孩子认识到错误,让他在错误中得到真理,得到正确的做事方法。如果父母不遵循这个规律,那么孩子也不会有所成长。

一位父亲带着女儿逛公园。

一会儿,女儿高兴地跑到爸爸的身边说:"爸爸,你看。"原来,女儿叠了一只纸船,用自己的"作品"和一个小男孩换了一只模型船,很明显,这只模型船的价格要超出纸船几十倍,为此,爸爸很生气地说:"我不是跟你说过吗,不要占别人便宜,说,你跟谁换的?"女儿哭着指向远处的小男孩。

爸爸拉着女儿走过去，对小男孩的爸爸说："对不起，我女儿不懂事。"然而，小男孩爸爸的话让他十分震惊。小男孩爸爸说："这只船是我买给我儿子的，所以船属于他，他怎么处理是他的自由，而他喜欢你女儿的纸船，就和她换了。一会儿，我会带我儿子再去买一只，让他知道这只模型船值多少钱，能买多少纸船。下次，他就不会再犯这样的错误了。"

小男孩爸爸的一席话，对小女孩爸爸如同当头棒喝。小男孩的爸爸非常尊重儿子的选择，没有一味批评儿子，而是通过有效的行动，让儿子认识到自己的错误，并且找到正确的做事方法。

对待孩子犯错，教育心理学家建议：

1. 爱孩子，不妨做他的"知心朋友"

每个孩子都希望自己有一个可以交心的好朋友，能够在自己迷茫的时候给自己指点；在自己不高兴的时候静静地坐在自己的身边聆听；能在自己犯错的时候为自己指出问题所在。但很多情况下，孩子的这位知己并不是父母，很多孩子知道自己的父母放不下作为家长的威严，所以他们有心事，宁愿找自己的朋友倾诉，也不愿意告诉父母。不是孩子不愿意把父母当作知己，而是父母首先没有做孩子"知己"的意识。

因此，父母不妨放下威严，平等对待孩子。英国教育家斯宾塞说："沟通不是在任何人之间都能实现的。父母只有放下架子，做孩子的知心朋友，才能实现最成功的沟通。"

2. 既然犯了错，就要让孩子明白必须付出一点代价

孩子犯错总是在所难免，每当孩子闯下大大小小的祸时，作为警醒或教训，家长都会对孩子采取一定的惩罚。但惩罚仅仅是打和骂那么简单吗？怎样的教训才会取得理想的效果？惩罚有哪些方式？惩罚的"度"在哪里？惩罚过

后，面对孩子的情绪，家长又该如何做好"善后"工作？

每个人犯错都是要付出代价的，如果没有因为相应的错误受到惩罚，那么错误还可能会继续下去。生活中，很多父母看到孩子犯了错误以后，马上帮他纠正，而没有让孩子付出代价。结果就是，可能孩子意识到了自己的错误，但印象并不深刻，导致错误一再地出现。

老王的女儿第二天要出去郊游，但一直未做准备。

这天晚上，老王对只顾玩手机的女儿说："女儿啊，先别玩手机了，准备准备明天去郊游的东西吧，否则明天早晨又要手忙脚乱了。"女儿说："爸爸你可真啰嗦，我都这么大了，会照顾好自己的，东西都准备好了。"

老王便不再说什么，却发现女儿平时用的水壶没带，太阳帽也没装进包里。老王的妻子正要帮女儿收拾，老王却制止了她。

女儿郊游回来后，老王问："玩得怎么样啊？"女儿说："很好啊。就是忘记带水壶了，郊游的地方连个小卖部也没有，渴了我一天，还有天气太热了，帽子也忘带了，我都晒黑了，下次可不能再这么丢三落四了。"

老王是位很聪明的父亲。他阻止了妻子的行为，就是要让女儿为自己犯的错误付出一点儿代价。如果妻子帮助她准备好了，女儿就会依旧是一副没记性的样子，还会产生依赖心理：我没准备好没关系，还有妈妈帮我准备呢。因此，要想让孩子对自己的错误记忆深刻，不犯类似的错误，不妨让他们吃点苦头。

需要注意的是，"苦头"并不是严厉的责罚。可能很多父母相信棍棒比说教更能让孩子牢记错误，当孩子犯错的时候，采取严厉的惩罚措施，甚至包括体罚，如打、罚站、面壁等。由于体罚总伴随着家长的情绪爆发，容易使孩子产生逆反心理或委屈情绪，甚至导致自信心的丧失，这对孩子的成长极为不利。其实，"牢记错误"不是重点，"改正错误"才是目的。家长不妨温柔地对待孩子的错误，用正确的方法引导，不仅会让孩子意识到自己的错误，还增强了孩子勇于发现错误的信心和勇气。

孩子也要面子，批评也要在私下

有位家长在谈到教育孩子的心得时说：

"有一天晚上，我和女儿在玩学习机，她突然仰起小脸凑到我的面前说：'妈妈我给你说件事，你以后就只在我面前说我不听话，别在人家面前说我不听话。'说完她就亲了亲我的脸，不好意思地对着我笑。看着女儿，我的心里突然好难受，心情也久久无法平静，她才只有三岁半啊。三岁半的孩子希望妈妈只在她的面前说她、批评她，而不要在别人面前说她不听话，孩子的心是多么敏感啊！我心疼地抱起女儿，向她保证以后不在外人面前说她不听话了。"

的确，孩子都是渴望得到表扬的，尤其是一些生性敏感的孩子，有很强的自尊心。作为家长，应该时刻注意保护孩子的自尊心，不要在众人面前说他们的缺点和过错，不要在众人面前批评他们。因为孩子每一个行为都是有原因的，这是由孩子的心理和生理特点决定的。也许这些原因在成人看来是微不足道的，但在孩子的眼里是很严重的事情，不了解原因当众批评他，非但不能解决问题，反而会使问题变得更糟，使孩子产生逆反抵触情绪，导致很难继续对孩子的教育。

英国教育家洛克曾说过："父母不宣扬子女的过错，则子女对自己的名誉就越看重，他们觉得自己是有名誉的人，因而更会小心地去维持别人对自己的积极印象；若是你当众宣布他们的过失，使其无地自容，他们便会失望，而制裁他们的工具也就没有了，他们愈觉得自己的名誉已经受到了打击，则他们设法维持别人对自己的积极印象的心思也就愈加淡薄。"实际情况正如洛克所述，孩子如若被父母当众揭短，甚至被揭开心灵上的"伤疤"，那么孩子自尊、自爱的心理防线就会被击溃，甚至会产生以丑为美的变态心理。

很多家长就产生了疑问："孩子自尊心强，难道有过错就不能指出了吗？"答案当然是"不"，但是批评孩子也要掌握一定的原则和技巧，不能当众批评。家长应该注意一些方式方法：

1. 低声

家长应以低于平常说话的声音批评孩子，"低而有力"的声音，会引起孩子的注意，也容易使孩子注意倾听你说的话，这种低声的"冷处理"，往往比大声训斥的效果要好。

2. 沉默

孩子在犯错之后，会担心受到父母的责备和惩罚，如果我们主动说出，孩子反而会卸掉负担，对自己做错的事也就无所谓了。相反，如果我们保持沉默，孩子会产生心理压力，进而进行自我反省，从而改正自己的错误。

3. 暗示

孩子犯有过失，如果家长能心平气和地启发他，不直接批评他的过失，孩子会很快明白家长的用意，愿意接受家长的批评和教育，而且这样做也保护了孩子的自尊心。

4. 启发孩子换个立场

当孩子惹了麻烦遭到父母的批评时，往往会把责任推到他人身上，以逃避父母的批评。此时最有效的方法是，当孩子强辩是别人的过错、跟自己没关系时，就问他一句："如果你是那个人，你会怎么解释？"这会使孩子思考"如果自己是别人，该说些什么"，从而使孩子发现自己也有过错，并会促使他反省自己把所有责任推给他人的做法。

5. 适时适度

不当众批评，而"私下解决"，这能让孩子明白父母的良苦用心，尊敬之心油然而生。例如，孩子考试成绩不理想时，家长和孩子坐下来一起分析考试失利的原因，提醒孩子以后避免此类事情的发生，要比批评孩子不用功、上课不认真的效果好得多。批评教育孩子，最好一次解决一个问题，不要几个问题一起批评，让孩子无所适从；也不要翻旧账，使孩子惶恐不安；更不要一有机会就零打碎敲地数落，结果把孩子说麻木了，最后却无动于衷。

孩子毕竟还小，难免会犯错，家长批评一下固然重要，但是千万不要在人多的地方对他横眉立目地训斥指责，否则会伤害孩子的自尊，在一定的场合也要给足孩子面子。尊重孩子，保护他的面子，掌握批评的方式方法，这对孩子的成长而言是极为重要的！

赏识教育，能挖掘出孩子身上的巨大潜力

对任何一个家庭而言，孩子健康、愉快地成长是家庭幸福、和谐的重要因素之一。但如何教育孩子，却成为令很多家长困扰的问题。随着教育理念的更新，家长对孩子的教育也从以前的严厉批评、严格管教变成了现在的赏识教育，这对孩子而言无疑是一件幸事。孩子需要赏识，就如同花草需要阳光和雨露，鱼儿需要溪流和江河。

心理学家曾经做过一个关于"孩子最怕什么"的调查，结果表明：孩子最怕的不是生活上苦、学习上累，而是人格受挫、面子丢光。美国心理学家威廉·詹姆斯有句名言："人性最深刻的原则就是希望别人对自己加以赏识。"孩子毕竟还小，他们尚未形成独立意识，却非常在乎他人眼里的自己，因此，对孩子进行"赏识教育"，尊重孩子，相信孩子，鼓励孩子，不仅能让我们及时看到孩子身上的优点和长处，进而挖掘其身上巨大的潜力，还能拉近亲子间的距离，帮助孩子健康成长。

好孩子不是批评出来的，而是科学地夸出来的。因此，赏识教育可以说是亲子教育的灵魂。

心理学家赫洛克曾做过一个实验，他把被试者分成四个组，在四种不同的环境下完成任务。

第一组在工作后会得到表扬，被称为"表扬组"；

第二组在工作后将受到严厉训斥,被称为"受训组";

第三组在工作后得不到任何评价,他们只是静静地听其他组的人员被表扬或被批评,被称为"忽视组";

第四组是与前三组隔离的一组,不予任何评价,被称为"控制组"。

结果是:"表扬组"的工作成绩明显优于"忽视组",积极性也高于"受训组";"受训组"的成绩不稳定,但好于"忽视组";而前三组均优于"控制组"。

这就是"赫洛克效应",它是指对工作结果及时给予评价,能强化工作动机,对工作起到促进作用。适当表扬的效果明显优于批评,而批评的效果比不予任何评价要好。

赫洛克效应用于家庭教育当中,也同样有效。什么是赏识呢?所谓"赏",就是欣赏赞美;"识",就是认识和发现,综合起来的意思就是家长们要认识和发现自己孩子的长处和优点,并加以有目的的引导,勿使其压抑和埋没。

很多家长说"我该怎么夸孩子呢?总不能一天到晚说'好啊,乖啊'。"这就涉及了赏识教育的中心话题——鼓励孩子,让孩子在"我是好孩子"的心态中觉醒,同时要注意表达的方式和内容。具体而言,你的赏识必须满足两个原则:

1. 真实

对孩子的赏识一定要发自内心,而不是虚伪的。不要认为孩子可以随便哄哄,假惺惺的夸奖也会被他们识破。

2. 表扬不要附带条件

有些家长虽然也认识到了赏识教育的重要性,但担心孩子会骄傲,于是,他们常常会在表扬后附带一些条件,如:"你做这件事很对,但是……"

这类家长认为这样会让孩子更有心理承受能力，更能接受教训，其实，孩子最害怕这类表扬，他们会以为你的表扬是假惺惺的。因此，你千万不要低估孩子的理解力，他们是能听出你的话中话的。

对孩子的表扬最好是具体的，如"真乖，今天你学会自己叠被子了。""我听李阿姨说你今天主动跟她打招呼了，真是个懂礼貌的孩子。"等

家长一定要好好运用"赏识"这个法宝，不要因为孩子做好了学好了是应该的事而疏于表扬，渴望被人赏识是人的天性。大人们也是如此，就连美国著名作家马克·吐温先生也曾说过："凭一句动听的表扬，我能快活上半个月。"

"手套效应"：鼓励孩子树立自信心

森森已经十一岁了，她一直爱好音乐，爸爸妈妈虽然不同意森森长大后以音乐为生，但拗不过女儿，还是答应了森森学音乐的要求，于是森森每周末要么去学钢琴，要么去学小提琴。但森森是个三分钟热度的孩子，兴趣来得快，去得也快，爸爸妈妈从没想过森森能学出什么名堂。

一个周六的晚上，妈妈和爸爸一起去小提琴培训班接森森，回家的路上，森森说："爸妈，我想参加市里的小提琴大赛，我们学校都没几个人敢报名呢。你们说我可以报名吗？"

"你平时出于兴趣去学一下，我们是不反对的，可是我看你还是别报名好，肯定没戏……"森森爸爸给女儿泼了一盆冷水。

"你可别这么说，谁说我们森森没戏了，我看森森很有音乐天赋，森森，你去报名，妈妈相信你一定可以的！"得到妈妈的鼓励后，森森顿时精神大振。

从那天后，森森把每天的空余时间都拿来练琴，小提琴拉得越来越好，果然，在市里的小学生小提琴大赛上，森森不负厚望，取得了第二名的好成绩，而森森妈妈也认为自己是最有眼光、最明智的妈妈。

自信心是一种积极的心理品质，是人们开拓进取、向上奋进的动力，是一个人取得成功的重要心理素质。自信心在个人成长和事业成就中具有显著的作用。对成长阶段的孩子而言，如果缺乏自信心，常常表现胆怯、遇事畏缩不前、害怕困难、不敢尝试，孩子的认知能力、动手能力、交往能力及运动能力等发展就缓慢；相反，孩子具有自信心，胆子大，什么事都敢尝试，积极参与，各个方面发展就快。

关于这一点，心理学上有个著名的"手套效应"：

某垒球训练场上，教练正在训练几个男孩练习打垒球，除了其中一个男孩训练得很差劲外，其他孩子都训练得很好。

大家对教练说："他不是打垒球的料。"

这个男孩很苦恼，并告诉教练想退出球队，而教练则告诉男孩："问题不是你不会打球，而是你的手套有问题。"

随后，教练给了这个男孩一副新手套，并鼓励他说："你绝对是打垒球的料，你会成为优秀的垒球队员！"

果然不出教练所料，孩子戴上新手套后努力训练，最后成为了一个著名的垒球手！

表面看来好像是手套起了作用，其实不然，是教练给孩子手套时说的那句话起了作用。正是有了教练的鼓励，孩子才对自己充满了信心。

教育心理学家认为，童年是一个人个性、心理品质形成的重要时期，这时期孩子是否自信，影响到孩子未来人生路上是否能勇敢面对各种挑战，决定了将来他们是否能成为充满自信、有坚强毅力和足够勇气的人。因此，自信这种心理品质应该从家庭起步，在孩子童年就着重培养。言传不如身教，培养孩子的自信心，不是单纯的几句说辞，而需要父母从生活中的点点滴滴入手。

那么，我们该怎样帮助孩子树立自信心呢？

1.多鼓励，让孩子勇于尝试

我国著名教育家陈鹤琴先生在讲到孩子心理特点时指出，"小孩子喜欢成功的""小孩子喜欢称赞的"。其实，正是因为存在这种心理需求，家长的鼓励是孩子能得到的最大的肯定。

因此，无论你的孩子学习成绩怎样，无论孩子做什么事，只要他去做就要给予肯定与鼓励。父母还要善于发现孩子的点滴进步和成功，给予适当赞赏，使他们积累积极的情感体验。

2.赏识孩子，让孩子发现自己的优点

对很多家长而言，似乎"孩子总是别人的好"，别人的孩子听话、懂事，对自己的孩子似乎总是"恨铁不成钢"，而对自己孩子的长处和优点视而不见，充耳不闻。

应该承认，你的孩子也有优点，只是你没有注意。孩子为什么总是考不好？不是孩子不认真学习，而是你一味地贬低他，让他失去了信心，如果你开始发现他的优点并加以赞赏，想必你的孩子一定会信心大增，学习也会长进。

3.教孩子学会体验成功

只要尝过成功的滋味——那无比的喜悦及对自己的坚定信心——孩子就会欲罢不能。所以先让孩子尝尝成功的喜悦，就是使孩子建立信心最简易的方法。当孩子做成一件事时，你首先应该夸奖孩子："你做得真棒！"适当的时候，你可以采取一些物质奖励的方式。而当孩子缺乏自信时，你可以告诉孩子："勇敢一点，爸妈为你骄傲！"在孩子体验到成功的美好后，也就不会畏首畏尾，而是会大胆地去争取了。

总之，自信心是孩子成长道路上的基石，是学习过程中的润滑剂，是生活中必不可少的勇气。自信心是在实践中培养起来的。因此，在日常生活中，父母一定要相信孩子，给足孩子鼓励，他才能昂首阔步走向社会，克服人生道路上的种种艰难险阻，迎接各种挑战。

积极的心理暗示，能产生积极的教育效果

有人说，孩子是父母的作品。父母希望孩子朝什么方向发展，孩子就会朝什么方向前进。生活中，一些父母为了让孩子长大后谦虚为人，并取得更大的成功，他们在孩子很小的时候就给孩子一些消极的暗示，并在教育中一昧地指出孩子的缺点，久而久之孩子真的认为自己有那样的问题，孩子的心灵倾斜了。这种奇妙的心理暗示就是"罗森塔尔效应"。

罗森塔尔是20世纪美国著名的心理学家，他曾做过这样一个试验：

1966年，他走入一所普通的中学，并随便找到一间教室，孩子们都在，他在教室里走了一圈，在老师的点名册上随便选了几个孩子，他告诉正在上课的老师，这几个学生智商很高，很聪明。

几个月以后，他又来到这所中学，结果，令他惊奇的事情发生了，那几个被他选出的学生现在真的成了班上学习成绩的佼佼者。

这是一件神奇的事，原因是什么呢？

其实，这就涉及心理学上的"心理暗示"，我们每个人在生活中都会接收来自外界的一些暗示，有些暗示是积极的，有些是消极的。对孩子而言，他们最亲近、最信任的人是他们的父母，因此，父母对他们的暗示的影响是巨大

的，如果他们长时间接收到来自父母的积极的肯定、鼓励、赞许，那么，他们就会变得自信、积极。相反，如果他们收到的是一些消极的暗示，那么，他们就会变得消极悲观。

"罗森塔尔效应"表明，一个孩子能不能成为天才，取决于家长和老师能不能像对待天才一样爱他、教育他。

夏雨是个可爱的女孩，但成绩却极差，尤其到了小学三年级后，更成了班级中的"后进生"，这令她的父母很是头疼。她的妈妈对老师说："自打孩子上学以来，我都被弄得心力交瘁了，她经常被老师留下，我为了她的学习，辞了工作，每天为她做早餐、收拾书包、检查作业、辅导功课，但事实上，我的努力并没多少效果，她一点也不听话，我真不知道该怎么办了。"

看着一脸无助的夏雨妈妈，老师说："其实，夏雨是个聪明的女孩，只是她对学习提不起兴趣而已，所以自觉性才差，如果我们能换一种教育方法，多鼓励她，我想她会进步的。"夏雨妈妈仿佛一下子看到了希望。

后来，妈妈开始对女儿实行赏识教育，无论孩子考得多差，她都会鼓励孩子："乖女儿，你这次好像又进步了点，如果以后也像这样，该有多好，妈妈相信你。"夏雨露出了惭愧又充满希望的表情。

除此之外，夏雨的妈妈在孩子遇到学习问题时，也会将心比心地说："你会做这么多数学题已经很不错了，妈妈那时候，做数学测验，一百道题只能答对三十题呢。"

后来，当妈妈再次去学校开家长会时，老师对她说："夏雨现在学习很努力，上课经常主动发言呢，课堂上总能够看到她举手回答问题，她耳目一新的发言，也让同学们对她刮目相看了，课间她不再独处了，座位边也围上了同学。"听到老师这么说，妈妈很是欣慰。

从这个案例中，我们可以看出，家长一定要好好运用赏识这个法宝。从这里，我们也可以发现，父母对孩子的期望态度一样会影响到孩子。如果你认为你的孩子是优秀的，那么他就会按照你的期望去做，甚至会全力以赴让自己变得优秀；反过来，如果你总是挑孩子的缺点、毛病，那么他们就会产生一种错觉：我不是好孩子，爸爸妈妈不喜欢我，我好不了了。可见，家长积极的期望和心理暗示对孩子很重要。

儿童是处于生理、心理变化关键时期的特殊群体，他们尚未形成独立的自我意识，非常在乎他人对自己的看法。因此，对孩子进行"积极暗示"，尊重孩子，相信孩子，鼓励孩子，不仅可以及时发现他们身上的优点和长处，挖掘隐藏在其身上巨大的、不可估量的潜力，而且能够缩短家长和孩子的心理距离，从而促进孩子的健康成长。

第4章

处理问题行为：
用肯定和鼓励唤回孩子的积极性

我们发现，一些家长在教育孩子时，一旦孩子在行为上出了点差错，就呵斥、训斥孩子，甚至给孩子贴上一些负面标签。其实，孩子还小，长此以往，他们会真的认为自己"不行"，自然丧失自信和积极性。孩子毕竟是孩子，不可能不犯错，我们批评孩子的错误行为时，不要夸张，要就事论事，不要贴标签、戴帽子，尽量告诉孩子应该怎么做，加以引导，那么孩子自然明确自己的行为界限。

孩子小小年纪，撒谎成性怎么办

在中国伦理的范畴中，诚，本义为诚实不欺，真实无妄，它包含着对己、对人都要忠诚的双重内涵。诚信作为中华民族几千年传承下来的传统美德，历来为人们所崇尚。我们通常认为影响孩子诚信品质发展的因素主要有家庭、学校和社会三个方面，其中影响最大、持续时间最长的当数家庭教育。可见，如何改变孩子撒谎的习惯，使之成为一个诚实的人，是值得家长们共同探讨的问题。

然而，在生活中，一些家长一旦遇到孩子撒谎，就不分青红皂白地加以训斥，甚至给孩子贴标签，如"谎话精""骗子"等，这无疑是对孩子精神上的打压，这样，孩子怎么有信心成为一个诚实守信的人呢？

小东一直是个乖巧的孩子，可是，有一次他居然挨了爸爸一次打，这是怎么一回事呢？

那天下午，他的父母在观看画展时，巧遇小东的班主任江老师，和他谈起小东的学习，自然涉及刚刚结束的期中考试。江老师说："小东这次成绩不太理想，只考了第九名。"爸爸说："听小东说，好像是第三名，从成绩上推算也应是第三名。"江老师肯定地说是第九名。

看完画展回家，他们问小东这是怎么回事，小东觉得纸里包不住火，便把实情告诉了父母。

原来，三年级以前，小东的成绩一直是班里的第一名。上三年级后，由于学习松懈，参加活动过多，成绩有些下滑，期中考试仅名列班里第九。可能是由于虚荣心太强，或者怕爸爸、妈妈责怪，所以小东涂改了数学成绩，使总分列班里第三。小东的爸爸愤怒之下狠狠打了小东，对他说："不管考第几名，爸爸、妈妈都不会责怪你，关键是你不诚实，用假成绩哄骗我们，实际上也是自欺欺人，这样的你将来怎么可能有所成就？"

涂改成绩看似不算什么大事，但对成长期的孩子而言，却涉及他们的人格塑造。

那么，对孩子撒谎的行为，我们该如何引导呢？

1. 父母要以身作则，不要撒谎

有这样一个笑话：一位爸爸教育孩子："孩子，千万别撒谎，撒谎最可耻。""好的，爸爸。我一定听您的。""哎哟，有人敲门，快说爸爸不在家。"试想，这样教育孩子，孩子能诚实吗？

美国著名心理学家大卫·艾尔金德认为：要想让孩子有教养，守道德，父母首先必须是一个品德高尚的人。作为父母，不要以为在孩子面前说一套，自己做的又是另外一套，只要没有被孩子识破，孩子就会表现出诚信的行为。孩子的眼睛是雪亮的，他们往往更重视父母的行为。因此，家长应时刻审视自己的言行，从日常生活中点点滴滴的小事做起，不要撒谎，只有这样，对孩子的诚信教育才会有实效。

2. 父母要及时地肯定和鼓励孩子诚信的表现

孩子虽然在成长，但毕竟还小，思想和品德都未定型，家长应该抓紧实施诚信教育，时时事事都不放过，有理有据，让他们从小获得一种人生的好品

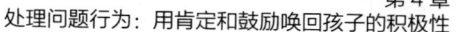

质——诚信。

人人都渴望被肯定，孩子也是这样。为了满足这种需要，他们在与他人交往的时候，一般都会勇于表现自我，善于表现自我，成年人应该在这方面创造条件，给予他们积极的引导。在孩子有了诚信表现后，父母应及时给予肯定，强化诚信的行为效果，不断加深诚信在孩子头脑中的印象。日久天长，诚信习惯自然而然就会形成。

3. 掌握批评的艺术，及时纠正孩子不诚实的行为

孩子说谎，家长往往非常生气："小小年纪，怎么学会了说谎？长大成人后岂不成了骗子？"家长为孩子的不诚实担心是有道理的，但在批评孩子的时候，是要讲究方法的，这才会行之有效。首先，不要损伤孩子的自尊心。家长要弄清楚孩子不讲诚信的深层次原因，千万不可盲目地批评。在此基础上，还要及时对他进行单独的批评以便抑制不诚信行为的继续发生。最后，要让孩子心服口服。不要用粗暴的方式对待孩子，这无异于把他们推向不诚信的深渊，下次他们会编出更大的谎言。

4. 和孩子建立真诚和相互信任的关系

你要求孩子说话算数，首先你要对孩子说话算数。如果确实无法实现对孩子的承诺，一定要向孩子解释原因，这样在孩子心里才能对诚信的重要性有一个深刻的印象和理解，也才会信任家长，有什么事、有什么想法都愿意告诉家长。

爱"偷东西"的孩子怎么引导

刘先生家境不错,儿子的零花钱一直不缺,但最近他却被叫到了警察局,原来是儿子刘杰偷东西了,为什么会这样呢?事情的经过是这样的:

有一次,刘杰到好朋友小伟家去玩,发现小伟家有一架很逼真的玩具望远镜。刘杰想知道这架望远镜究竟能看多远,就向小伟请求借来玩玩,没想到小伟很小气,不答应。刘杰很生气,就故意偷偷拿走了这架望远镜,为的是让小伟着急。果然,找不到望远镜的小伟像热锅上的蚂蚁,刘杰这下子得意了。

从那次之后,刘杰就产生了一种很奇怪的心理,他觉得偷别人的东西能获得一种快感,于是隔三差五就会偷班上同学的文具。而这次,他在逛超市时,因控制不住自己,从货架上偷拿一些并不贵重的物品,他正准备把它们放在不易被发现的地方,就被超市老板抓住了。

像刘杰这样的青少年并不多,却很有代表性。实际上,一些孩子偷别人的东西,并没有什么明确的目的,有时纯粹是为了给别人造成困难而获得快感。如盗窃的物品经济价值不大,他们往往只是把窃得的东西扔掉、损毁或随便送人,这些行为让很多父母很是头疼。

心理学家调查了那些有过偷盗行为的孩子,他们发现这些孩子多半都有一些共同的经历：学习压力大、和父母或老师关系处不好、没有可以交心的朋友、喜欢上了一个异性却被拒绝，这些都让他们产生了想偷东西的念头。

其实，每个孩子都想成为同龄人中的佼佼者，成为爸妈、老师的骄傲，可事实上，不是每一个孩子都能做到，于是，他们感到自己被人忽视了，干脆沉沦堕落；也有一些孩子，成绩优秀，但每一次优秀成绩的取得都经历了艰苦的过程，又加上他们备受瞩目，所以他们很累，于是放纵的想法就在心里蠢蠢欲动，他们更羡慕那些不用考试、不用面对老师和家长严肃面孔的孩子，很快，他们尝试着抛开一切，放弃学习，放纵自己。

学龄期的孩子都是聪慧的，但是他们也处于身心发展的关键时期，他们的心理发展和生理发育往往不同步，具有半成熟、半幼稚、叛逆等特点。因而在他们心理素质发展的关键阶段，父母应当引起重视，对出现不良行为的孩子既不能生硬批评，引发他们的叛逆情绪，也不能任其发展，让他们走入歧途。如果你的孩子有偷盗行为，在教育过程中，你需要注意以下几点：

1. 孩子有偷窃行为，决不能打骂

孩子偷了东西，并不代表孩子真的是"坏孩子"，更不能给孩子贴标签，但是决不能放任不管。

如果你确定孩子真的偷了东西，那么首先要帮助孩子将事情的影响化到最小。有的家长认为只有"打"才是改正"偷窃"行为的最好对策。其实错了，打得厉害，疏远了父母与孩子之间的感情，他会感到更孤独，得不到家庭的温暖，甚至不敢回家，流浪在外，与社会上的闲散人员交往，被他们所利用，最后走入歧途，甚至会因触犯法律而受到制裁。

2. 细心观察，防患于未然

日常生活中，我们一定要随时观察孩子的思想动向，如果孩子的零花钱突然多了，我们一定要警惕，因为这意味着孩子可能偷东西了。我们要仔细排查可能出现的情况，不管运用什么方法，目的只有一个：使他自己露出破绽，承认错误，但不能伤害他的自尊心。如果事态的发展允许对他的错误行为进行保密，那么一定要坚守诺言，否则就失去了再一次教育他的机会，他再也不会相信你。

3. 培养孩子的是非观，让孩子知道偷东西可耻

也许你曾经教育孩子什么是对、什么是错，但孩子毕竟还小，他们极其容易受到影响甚至改变。因此，作为父母，我们一定要经常对孩子进行一些是非观念的培养，要让孩子知道偷东西是可耻的，不容许同样的事再次发生。矫治这类孩子，必须先从帮助他们形成正确的是非观念，增强是非感开始。

总之，如果你发现你的孩子偷了东西，切不可急躁，既要批评，又要耐心说服，使孩子受到教育，感到内疚，他们才会自觉改正！

父母的打击，让孩子丧失自信

市里要举办一场青少年小提琴大赛，黄女士听到这个消息后给女儿报了名，她相信女儿一定能拿到奖项，因为女儿从小拉琴，一直是学校最棒的文艺生。但奇怪的是，就在比赛即将开始的前一天晚上，女儿对黄女士说："妈妈，我不想参加了。"

"为什么？"

"因为我知道我肯定会让你丢脸的，还不如不参加。"

"你怎么这么不自信？"黄女士有点生气了。

"因为你经常说我没用，如果这次没拿奖，你肯定又会这么说。"听完女儿的话，黄女士若有所思：难道是我的错？

孩子毕竟还小，他们会不自信、胆怯甚至自我否定，可以说，这都和家庭教育有一定的关联。常常听到家长说："你看谁谁谁的学习多么自觉，从来不要父母操心的，你为什么就这么让人不省心？我想了好多办法，花大价钱请了家教，你的成绩怎么还是上不去？"亲子关系研究者认为，即便是出于事实的抱怨，家长的态度也会让孩子相当敏感。久而久之，他们便会认为自己"真的没用"，或者变得消极、胆怯。

虽然有少数孩子能在打击中越挫越勇，最后形成优秀品质，但是大部分孩子可能都达不到我们想要的效果。长期接收父母饱含激烈情绪的直白抱怨，尤其是针对自己的消极评价，要求他们具有高度的自信心和自尊心，有点强人所难。一位心理医生非常痛心地讲述他遇到的现象："很多家长为了孩子的问题来找我，当他们绘声绘色地描述着孩子的不良行为时，孩子就站在旁边听着！"这就是很多孩子不自信的原因所在，家长也许可以尝试着改变一下对待孩子的态度，别时刻摆出一副居高临下的姿态嘲笑或教训孩子，不要小看这些，自信的基石就是这样奠定的。

那么，作为家长，该如何帮助孩子正确认识自我、树立自信、变得勇敢积极呢？

1. 注意你的教育语言

绝对不能对孩子使用的措辞：

"你太笨了。"这句话太伤害孩子自尊，孩子会按照父母的语言进行自我评估，这样一句话很可能会让孩子变得敏感、自卑、孤僻。

"你为什么就不能够像谁谁谁？"孩子最讨厌被对比，这是对他们最大的否定。

"你真不懂事。"本来孩子做事就自信不足，需要你的鼓励，但这一句话反而让孩子更加怯懦。

2. 可以将批评与肯定结合起来

"你平时的作文写得还不错，可这次的作文却不怎么好。"或"如果你再写上几篇这么糟糕的作文，你的语文就别想得到'良'。"虽然这两个批评表达的意思是一样的，但前者却比后者易于被人接受。

当孩子缺乏信心或失去信心时，父母可以适时对他说"嗯！做得不错。"或"想必你已经用心去做了！"等表示支持的安慰的话，即先对孩子表示肯定，再鼓励他："如果能再稍微注意一点，相信下次可以做得更好。"

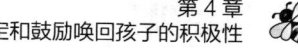

这种积极有建设性的态度，才能使孩子不断进步，更加有信心去与父母沟通问题。

3. 帮助孩子找到长处

家长永远是孩子的坚强后盾，当孩子遭受失败时，我们有责任鼓励他，教会他怎么应对困难。告诉孩子，任何人都有长处和短处，只知道自己的短处而不懂发挥长处是极其不利的。

有的孩子有音乐天赋，有的孩子会绘画，有的孩子能言善辩……干什么并不重要，重要的是如果孩子喜欢，不妨鼓励他发展，谁说爱好不能成为技能呢？发掘长处是重要的，因为专注或擅长一件事情能帮助孩子建立自信。

自信对孩子智力发展的影响很大，可很多孩子在"一刀切"的教育模式下，在人生刚刚起步的阶段，就已经丧失了自信心。因此，作为父母，我们一定要引起重视，帮助孩子重建信心，正视自己，如此，孩子的智力与自信心才能更好地发展。

不给孩子贴"笨"的标签,是对孩子人格的尊重

生活中,我们常听到这样一句流行语:"说你行你就行,不行也行;说你不行就不行,行也不行。"从心理学的角度讲,这句话有一定道理。一个人的成长,除了先天因素外,种种影响因素中,社会评价和心理暗示起着非常大的作用。而在孩子的成长过程中,他们最信任、最亲近的人就是父母,如果父母给他们的评价是正向的,那么孩子长大后就会自信、开朗、勇敢。因此,专家称,任何时候,家长都不要给孩子贴"笨"的标签,哪怕孩子在某个方面的发育表现慢一点,也要相信通过正确的引导、教育是一定能进步的。不说孩子"笨",也体现了对孩子人格的尊重,为人父母者应牢记自己的孩子是聪明的。

在美国,有这样一个家庭:

母亲来自俄罗斯,并不懂英语,女儿上学都用英语,所以她根本看不懂女儿的作业。然而,每次女儿把作业拿回家给她看时,她都会说:"棒极了!"再小心翼翼地挂在客厅的墙壁上。

有客人来了,她总要很自豪地炫耀:"瞧,这是我女儿的作业,多棒!"

其实,女儿的作业写得并不好,可客人见主人这么说,便连连点头附和:"不错,不错,真是不错!"

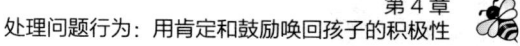

女儿受到鼓励，心想："我明天比今天写得还要好！"于是，她的作业一天比一天写得好，学习成绩一天比一天提高，后来终于成为一名优秀的学生，最终成为了一个杰出的人物。

的确，对孩子而言，一句鼓励的话等于巨大的能量，等于成功的荣誉。孩子还小，并不是没有能力，所以对孩子而言，"做没做到"是一回事，而父母"相不相信"孩子有能力做到是另外一回事。当父母相信孩子的时候，就会传递给孩子一种积极的信心，对孩子的期望会转化为孩子行为的动力，影响孩子将来的成就和发展方向。因此，千万别用"你真笨"束缚孩子的头脑。

陶行知先生说过："你的教鞭下有瓦特，你的冷眼中有牛顿，你的讥笑中有爱迪生。"现代科学已经证实，发育正常的孩子，天生智力并没有多大差异。俗话说："捧一捧，就灵。"这句话就表明了鼓励对孩子成长的作用，当然，鼓励并不是一味地说漂亮话，家长还要有的放矢，掌握方法和技巧。

1. 谈结果

例如，孩子整理了房间，即使孩子整理得并不是很好，我们也可以赞美："我发现你今天自己动手收拾了房间，现在这么整洁，多好，只是还有一些小细节需要注意。"

2. 说细节

你可以告诉孩子："你真是很细心的孩子，不仅把书桌整理了，还擦了角落里的灰尘。真是好样的！"你的赞美越是体现细节，孩子越能看到自己的行为哪些是对的，哪些是需要提高的，并且会重复正确的行为而改正不足的地方。

3. 说原因

一次单元测试成绩公布后，你的孩子又没考好，在分析试卷时，你不要指责孩子不好好学习，而是应对他说："你不是能力不行，也不是基础差，更不是不如别人，是你太粗心了，没审清题意，不然，凭你的能力是完全可以做出来的！"这种有意的错误归因，既维护了孩子的自尊，又增添了孩子的自信心。

4. 说内在人格特质

父母可以说："看得出来，你是个很负责任的人。"称赞的时候，父母要多谈人格特质，而做批评时，就该多谈行为，而避谈人格特质。

5. 说正面影响

例如，你可以这么说："有你这样的女儿，妈妈觉得很高兴，你真是妈妈的贴心小棉袄，知道为妈妈分忧了。"

其实，鼓励孩子也是需要技巧的。

例如，面对考了好成绩的女儿，大部分父母可能会说"你这次数学考了满分，爸妈真以你为荣"。此时，孩子会觉得，原来只有好成绩，才能让父母感到骄傲，那万一下次没考好呢？父母是不是就不再感到骄傲，甚至还可能"以她为耻"呢？

其实，这件事的着眼点应该放到人格特质上，而非学习成绩或表现。我们可以换一种说法："这次你考了满分，爸爸、妈妈发现你很努力，才有这么大的进步，这份努力，爸爸、妈妈很引以为荣。"如此一来，孩子就会知道，只要她努力，不论成绩如何，父母都会引以为傲。

教育子女，是一门大学问。迄今为止，尚未发现有任何方式比关怀和赏识更能迅速刺激孩子的想象力、创造力和智慧。孩子都是在不断的鼓励中坚定自己做事的信心的。为此，无论我们的孩子表现多么差，我们都不能给其贴上"笨"的标签，要始终呵护孩子的自尊心和自信心，多多鼓励，让孩子走出精彩的人生！

正面标签，能给孩子积极的心理暗示

心理学有个著名的"标签效应"。所谓"标签效应"，是指当一个人被他人贴上某种标签后，他的行为会自动地与这一标签的内容一致，这是因为他们依据标签做出了自我印象管理。

心理学认为，之所以会出现"标签效应"，主要是因为"标签"具有定性导向的作用，无论是好的还是坏的，它对一个人的个性意识都会产生强烈的影响，给一个人"贴标签"的结果，往往是使其向"标签"暗示的方向发展。

孩子的世界是简单的，他们的情感也是最直接的，作为父母，你给他贴上什么标签，他就会做出什么事情。如果你赞扬他是个乖巧的孩子，那么他就会按照你的意愿，处处都表现得乖巧——不说脏话，主动做家务，不与小朋友打架；相反，如果你说他不听话，那么他就会骂人、打人，做出一些让你生气的事情。

因此，在家庭教育中，父母都应该认识到标签效应的作用，尽量不要给孩子贴负面标签，当孩子受挫后，你应该找出孩子的闪光点，把这个亮点放大，贴在他的身上，他就会向着你期望的目标一步一步靠近。

曾经有一位科学家，在他成长的过程中，他的母亲对他的影响很大。

在他很小的时候，有一次，妈妈让他从冰箱里拿出一瓶牛奶，但他一不小心把牛奶瓶打翻在地，就这样，一瓶牛奶洒得到处都是，他害怕极了，生怕母亲会骂他。

谁知道，母亲听到声响后，走到厨房，并没有生气，而是对他说："哇，你制造的混乱还真棒！我还没见过这么大的牛奶坑呢，你看，我们要不要做个游戏，看看我们能用多久时间将它清理了？不过我们可以先玩几分钟。"

几分钟后，母亲说："你知道，现在这个混乱是你造成的，你是男子汉，你应该自己摆平这件事，那现在家里有海绵、毛巾，还有拖把，你想怎么处理？"他选了海绵，于是他们一起清理满地的牛奶。

母亲又说："我知道，你肯定不是故意打翻牛奶的，因为你还小，而一瓶牛奶实在太沉了。那这样吧，现在你再试一次，看看你能不能重新把这件事做好。我们去后院试验吧。"母亲建议他把瓶子里装满水，看看他能不能拿得动，他同意了妈妈的建议，再一次将装满水的牛奶瓶抓在手上，这一次他发现，如果用双手抓住瓶子上端接近瓶口的地方，他就可以拿住了。

后来，这位科学家回忆说，他有一位伟大的母亲，他的母亲一直对他采用这样独特的教育方式，这让他从来不害怕犯错误，并且，他的母亲还让他认识到，错误只是学习的机会，科学实验也是如此。即使实验失败，我们还是会从中学到有价值的东西。

这里，我们看到了正面标签对一个人的积极影响。

孩子毕竟是孩子，面对别人给自己的评价，孩子会下意识地产生一种认同感，进而以此塑造自己的行为。这种评价出现的次数越多，对孩子的心理和行为的塑造固化作用越强，甚至会左右其终身。

那么，作为父母，我们该如何让贴标签产生积极的作用呢？

1. 全面评价孩子

教育要严格，并不是说要将孩子批评得一无是处，为此，我们最好从多方面、多层次了解和评价孩子，不能只盯住孩子的缺点。

2. 多鼓励你的孩子，不能因为一次错误而给孩子贴上永久的负面标签

孩子毕竟还小，难免犯错，父母要给孩子改错的机会，并鼓励孩子，每个孩子都是不断地在犯错、认错、改错中成长的。错误是这个世界的一部分，也是与人类共生的一部分。父母切不可因为孩子的一次错误而给他贴上永久的负面标签。

3. 不宜过分夸大孩子的优点

孩子有好的表现时，父母一定要给予表扬，赞赏之言可以稍微夸大，这有利于增强孩子的自信心，但不宜过分夸大。

明确行为边界，让孩子知道能做和不能做的事

在家庭教育中，选择"棍棒"教育还是"放养"教育的问题，很多父母各执己见。一些父母认为，孩子还小不懂事，只有实施"棍棒"教育，才能为孩子树立正确的行为习惯；而一些父母认为，孩子就要"放养"，让孩子自由成长，才能让其发挥天赋，最终成才。其实，真正理想的教育应该是一种混合模式，即父母给孩子提供适度的自由，但在关键问题上，要毫不犹豫地发表自己的观点，明确哪些能做哪些不能做，划定好价值和行为的边界。为此，对孩子的行为，我们应该告诉他们具体该怎么做，并且要态度明确，不可模棱两可。

"我的女儿圆圆今年刚满四岁，聪明可爱，因为我和她爸爸工作很忙，长期由爷爷奶奶带圆圆，但我们每天都抽时间过去和她玩。因为她小时候没吃过母乳，身体比较弱，所以爷爷奶奶对她照顾得很周到，总是担心她生病。圆圆上幼儿园后，学习接受能力都不错，就是性格上比较任性，有点我行我素。

"例如，上公开课，教师点她发言，其实她会，但就是不配合，还跟我们说，不想让这么多不认识的人听她讲话，教师说平时点她发言蛮配合的，学习效果可以的。每个新学期开学，圆圆总要哭个几次，不过我们走后，她上课、做游戏都很积极，她也很喜欢上幼儿园。

"其实，这些我们都能接受，毕竟只要她逐步适应，是能改正过来的，不过一些涉及人身安全的行为是必须有规矩的，如过马路不能闯红灯。就这个问题，我专门给圆圆上过一课。有次假期，我去老家接她，过马路的时候，她着急走，差点被一辆摩托车撞上，当时是红灯，我吓出一身冷汗。不过我没有呵斥孩子，而是告诉她，不遵守交通规则，是对自己和他人人身安全的不负责，甚至有可能丧失生命。圆圆好像听懂了我的话，从那以后，每次都等绿灯亮了再走。"

很明显，案例中的家长在引导孩子注意安全的问题上的做法值得效仿，孩子任性、不遵守交通规则，一味地训斥并未真的起作用，而明确告诉孩子闯红灯的恶果，孩子才能意识到规矩的重要性，自然会自觉遵守，可见明确规矩的重要性。

不过在实际生活中，我们发现，有些父母和祖辈，把孩子当成家中的"小公主""小皇帝"，原本制订了一些行为准则，但模棱两可，孩子也没有认识到必须按照准则行事。因此，在具体实施时，一让孩子守规矩，孩子就开始哭闹，家长就心软"投降"，百依百顺了。等到孩子掌握了"任性"这个要挟大人的"法宝"，知道"任性"可以"摆布"大人达到自己的目的，便会乐此不疲地使用这个"法宝"，情况也会无休止地恶性发展下去，当父母想要约束孩子时，发现已经管不住了。因此，我们给孩子制订行为准则时必须注意一些要点：

1. 明确告诉孩子他应该怎么做

例如，街上的黄灯亮了，那意味着你可以停步，也可以不停。有谁主动停过？我们需要明确地告诉孩子这样做的后果。这个后果最好跟孩子的切身利益有关。

2. 说理引导，让孩子清楚自己的行为边界

孩子有些要求是无理的或不能满足的，你应赶紧利用童话、故事等方式，给孩子讲清道理，这可以让孩子逐步理解家长的话，进而接纳你制订的行为准则。

3. 自我强化，让孩子体会做错事会有什么后果

例如，孩子拿不吃饭要挟大人，那么你赶快收拾饭桌，让他好好饿一顿。这饿肚子的感觉就是最好的"惩罚"。再如，没到穿裙子的季节孩子非穿不可，如果其他办法不管用了，那么就让孩子去穿，受凉挨冻就是最好的"惩罚"。采用这一方法，一是要确保后果对孩子身心没有伤害，二是大人要狠得下心。

总之，孩子积极、自觉的好习惯并不是天生的，需要家长的长期引导，家长要结合具体的情境，告诉孩子应该怎么做，另外，对孩子的毛病，不能过于迁就，不能让孩子得寸进尺。

第 5 章

教育不可强制：
孩子的积极性是引导出来的

我们的孩子每天都在成长，他们的独立意识开始萌芽，也开始要求独立、得到尊重，与此同时，成长中的问题也越来越多，不少家长发现，孩子怎么越来越难管？怎么屡教不改？其实，我们应该反思，我们是否支持过他的想法呢？是否他一犯错我们就严厉批评呢？孩子毕竟还小，是需要家长引导的，只有这样，我们才能真正进入孩子的世界，让他们接纳我们的指引。

好的家教应该略带幽默

家庭教育的方式多种多样，但总的来说，不外乎疾言厉色、心平气和和风趣幽默三种。家庭教育的本质在"教育"二字，无论哪一种教育方式，都离不开生活理念的灌输，但是不同的灌输形式产生的效果大不相同。疾言厉色式的教育可以威慑孩子，但它容易让孩子产生对抗心理，是一种不得要领的教育方式；心平气和式的教育能使孩子体会到自己与父母在人格上的平等，但由于语言平淡，不疼不痒，无法产生持久的效果；风趣幽默式的教育触动的是孩子活泼的天性，因而更能在他们的心灵上留下不灭的印迹，使他们时刻警示自己。

而事实上，中国传统的家庭教育大都严肃多于宽容，从一些俗语便可见一斑，如"三天不打，上房揭瓦""棍棒底下出孝子"。在这种教育思想影响下，父母与孩子的关系往往非常对立。殊不知，最好的家教应该略带一些幽默。

老张的工作单位近几年经济效益不好，媳妇又没有工作，拉扯两个孩子上学，还赡养着一个七八十岁的多病母亲，日子过得紧巴巴的。可人家紧巴巴的日子，过得并非愁眉苦脸、鸡飞狗跳的。一天，大儿子吵着让爸爸给买把玩具火炬，爸爸没有立刻生硬地训斥孩子随便要钱买东西，而是温和地说:"儿子,假如你要买的火炬不急着用,就暂时缓一缓,这段时间,咱们家的'军费'开支已经超出预算了,再买火炬,你妈妈可要发火了。"一席话,把孩子逗乐了。

老张的沟通方法是值得很多父母学习的,在教育子女的过程中,增加了"幽默"的元素,立刻使关系平等化了,气氛和谐化了。

幽默是父母与孩子沟通的有效方式。世界上有人拒绝痛苦,有人拒绝忧伤,但没有人拒绝笑声。在教育孩子时,父母如果经常能想到寓教于乐,再顽皮、再固执的孩子也会转变的。幽默表面上只是一种教育手段,实际上它贯穿的是一种乐观精神,一种坚信明天会更好的执着,反映了教育的人文本质。

这天,正在上班的老王接到学校老师的电话,原来,儿子违纪了,他知道儿子有隔着很远的距离向废纸篓内投杂物的习惯,即使散落在外也置之不理。原来儿子在学校也是这样,而乱丢乱扔是学校三令五申不准做的事情,也是班级公约明文禁止的违规行为。对此,老王很生气,准备晚上回家后好好教育儿子。

晚上,老王把儿子叫到书房,儿子是一副诚惶诚恐的模样,想来他已经知道爸爸找他所为何事了,似乎也做好了接受疾风骤雨式"批斗"的心理准备。老王这时候突然想到一个问题,一旦孩子处于这种高度"防范"的状态,采取任何激烈的手段和方法不仅无法收到预期的教育效果,甚至可能引发孩子的对立和反抗。换一种教育方式,说不定会出奇制胜,他很想试一试。

于是,他故作随意地问儿子:"你是不是比较喜欢打篮球?"儿子听了一怔,继而不好意思地挠了挠头说:"还行,但球技不怎么样。"

"是吗?所以你就想借助一切机会练习自己的投篮技术?"

听爸爸这么一说,本来已经满脸通红的儿子越发显得局促不安。最终的结果是，儿子不但承认了自己乱丢乱扔的错误，而且真诚地表示以后要努力加以改正。没有发生任何冲突，以幽默的方式取得了令人满意的教育效果，老王暗自得意。

很明显，老王的幽默式教育方法奏效了。

可能很多父母会有这样的疑问，到底该如何运用幽默教育孩子呢？

1. 以生活细节为素材

有些父母认为，运用幽默方式教育孩子并不容易，不知从何处入手。其实，幽默并不是只有口才了得的人才能运用，幽默的素材就在我们生活的周围。例如，你可以在茶余饭后和孩子一起进行幽默的智力回答，如脑筋急转弯，也可以和孩子一起交流白天发生的有趣事件等。

2. 孩子犯错，以轻松宽容的心情面对

孩子犯了错误，父母常常采取急躁的态度，也控制不住自己的情绪，甚至对孩子大加指责，而这样做，不仅不能让孩子认识到自己的错误，甚至还会让孩子产生反感的情绪，甚至怨恨父母。因此，在孩子犯错的时候，父母要注意控制自己的情绪，耐心地和孩子交谈，尽量对孩子微笑，消除孩子的抵触心理，才能让孩子听你的教导。

3. 语言生动有趣

生动有趣的语言，一般能引起孩子的注意，如当孩子把房间弄得很乱时，我们可以这样说："哎呀，房间这么乱，我快要晕过去了，快来扶我一把。"此时，孩子不仅为之一笑，还会认识到自己房间的脏乱。

4. 多利用"现成的"幽默材料

可能有的父母天生缺乏幽默感，不苟言笑，他们认为自己是无法使用幽默这一教育方法的，其实并非如此，只要你善动脑筋，具备耐心和爱心，多找些身边现成的幽默材料，也是可以和孩子轻松地沟通的。你可以多阅读笑话、幽默小品等，培养自己的幽默感，还可以每天读几则幽默故事给孩子听，陪孩子看动画片等。

应该说，在家庭教育的过程中，义正词严的说教是必需的，在很多情况下甚至不可或缺，只是为父母者也要清楚地知道，诙谐风趣的幽默在一定情况下也许能够收到事半功倍的效果。不过，需要提醒的是，尽管幽默教育有时会收到超乎寻常的理想效果，但是一定要取之有道、操之得法、用之适度，否则，便是无谓的油嘴滑舌，更为重要的是，千万不能将对孩子的讥讽和嘲笑也视为幽默，这样的"幽默"纯属有害无益。

孩子犯错误，挽救比"绳之以法"重要得多

曾经有人说："孩子是在犯错误中成长起来的，因此，要允许他们犯错误，要正确对待他们的错误……"对童年时代的孩子而言，他们有个特点，就是好奇心强，面对丰富多彩的现实生活，心中充满了各种疑团，对周围的一切都想探个究竟。由于好奇心的驱使，不管该做还是不该做的事情，能做还是不能做的事情，他们都要探究探究，尝试尝试，结果可能导致犯错误。面对孩子的错误，很多父母用责罚孩子来解决问题，目的是让孩子记住错误，可实际上，这些都对孩子的心灵成长产生了严重的负面影响。其实，儿童的心理是脆弱的，需要父母用温柔的方式引导，而不是用激烈的言辞甚至暴力手段对待。父母要明白的是，孩子犯错，父母重在帮助他改正错误，在错误中锻炼自己，惩罚并不是目的。

对犯错误的孩子，只要不是"罪不可赦"，挽救比"绳之以法"要重要得多。但在现实生活中，很多父母对待犯错误的孩子的方式方法有时过于简单粗暴。常常发生这样的事：一个孩子因一念之差做错了事，马上就被贴上"坏孩子"的标签，甚至使他在别人面前永远抬不起头。

在教育孩子的过程中，孩子犯错，父母应该创造条件让他认识到自己所犯的错误，并给他创造改正错误的机会。假如把孩子"一棍子打死"，孩子一旦辩解便是一顿惩罚，这样做容易在孩子的心中留下"弱者只能屈服于强者"

的印象，使孩子产生自卑的心理，长此以往，即使有理也不申辩了，即使有改过的想法也磨灭了，这对培养孩子独立的人格并没有好处，甚至会让自己和孩子的关系再也无法挽回。其实，儿童与青少年一样都有着强烈的人格要求，父母不要为了惩罚孩子而忘记尊重他，也不要忘记惩罚的目的应该是让孩子改过自新。

那么，作为父母，应该怎样帮助孩子认识到错误，从错误中锻炼自己呢？

1. 帮孩子找出犯错误的原因

古人曰："人非圣贤，孰能无过。"其实"圣贤"也是会犯错误的，何况是涉世不深、各方面都不成熟的孩子呢？这句富有哲理的话告诉父母，孩子犯错是不可能避免的，不要大惊小怪，应正确对待，弄清楚孩子犯错误的原因。从年龄角度出发，孩子有犯错误的"权利"。由于他们年龄小，经验不足，辨别能力又很差，导致他们容易犯错。缺乏抵制能力和自制能力也是他们经常犯错误的原因。除此之外，错误的模仿也是他们犯错误的一个原因。他们往往模仿成人的一些错误言行，从而使得自己犯了错误。应该指出，孩子犯错误的原因除了有年龄特点外，还有教育上的不善。

2. 晓之以理，动之以情

用情是让孩子接受教育的前提，父母让孩子感受到自己对他们的爱，孩子才会以同样的情感回报父母。孩子需要父母的关爱，这对他们的成长如雨露和阳光，一句简单的嘘寒问暖，一声简单的生日祝福，都会给他们带来温暖，给他们增添信心和勇气，种种爱的言行都会感化着孩子的心灵。

3. 适当表扬，鼓励孩子的自信

美在纯真，美在坦诚，有些错误是无心之失，当孩子犯错误时，不要一味地批评。不妨大方一点，"恩赐"我们的表扬，让孩子感受更多的温暖，体会更多的快乐。

总之，孩子都还处在成长阶段，偶尔会犯错误，父母应该允许他们犯错误，重要的是孩子犯了错，父母怎样引导他们认识错误，并从中吸取教训而自觉地改正错误。另外，孩子有自身不同的特点，家长要用特别的方式教育，也就是对孩子的教育需要注重技巧和方法。惩罚绝不是目的，给孩子几次悄悄改正错误的机会，令他们回到健康成长的轨道上，这才是父母教育的根本目的！

鼓励你的孩子为未来筹划

张女士的女儿阳阳一度失眠,晚上熬到三点多才能勉强睡去,可是,一会儿又自己醒来。白天上课的时候,也开始注意力不集中,老师讲的内容听不进去,大脑一片空白。一回到家,她心情又非常烦躁,紧张不安,感觉无聊,脑子始终昏沉沉的。无奈之下,张女士带着女儿去看心理医生。

经过心理医生指点,张女士才了解到原来阳阳这种焦躁不安的心理源于她对未来的茫然:

张女士出生于一个书香世家,对女儿一直管教比较严格,而对阳阳而言,父母的苛求逐渐转化为她对自己的标准,她接受的暗示是"只有自己表现得尽善尽美了,只有有一个光明的前程,父母才会满意,我才会拥有他们对我的爱",所以阳阳一直都不敢放松,努力追求完美的目标,但在最近的几次阶段性考试中,阳阳考得并不好,这让阳阳很担心,自己不再是"好学生"了,自己还能有光明的前程吗?以后可怎么办呢?就这样,紧张与不安让阳阳变得压抑、敏感,引发失眠。

阳阳的情况的确不是个例,不少孩子都有过类似经历,而作为父母的我们也为此担心。我们的孩子既欣喜于自己的成长,同时又不得不面临很多问题,

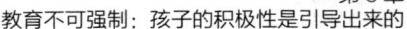

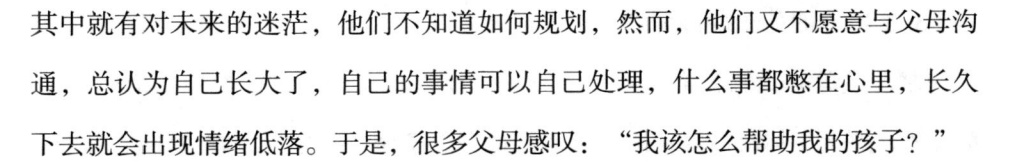

其中就有对未来的迷茫，他们不知道如何规划，然而，他们又不愿意与父母沟通，总认为自己长大了，自己的事情可以自己处理，什么事都憋在心里，长久下去就会出现情绪低落。于是，很多父母感叹："我该怎么帮助我的孩子？"

为此，教育心理学家建议：

1. 鼓励你的孩子为未来规划，帮其摆脱悲观的想法

孩子毕竟还小，总是爱幻想，幻想自己有一天成为电影明星、考古学家等，即使那些学习成绩差的孩子，他们在内心也会出现很多梦想。然而，这些梦想一般都是断断续续的，随着接收到的信息的变换，他们的梦想也会随之更改，但作为父母，如果孩子和你谈及他的梦想，你不可打击他，也不应该期望或者要求孩子在对未来的梦想和决定方面保持连续性。

因此，你需要怀着大量的信任、希望和自制力，一步一步地推动这个过程，鼓励你的孩子制订未来的计划。当孩子和你分享他的计划时，你要耐心地倾听，并表现出支持的态度，同时巧妙地引导你的孩子做出现实的、清楚的，而且可能与他的能力和热情最为匹配的决定。

2. 让你的孩子开始承担部分家庭责任

对大多数孩子而言，当他们开始上学时，就已经意识到他们有一天必须离开家，可能要去求学，可能要外出工作，可能要组建家庭，但无论是哪一种，他们都必须面临父母承担的责任。无疑，一直生活在父母保护下的他们此时便产生了一种恐惧——我要独自生活了，我即将面临很大的生活压力。而实际上，作为父母的我们，如果在日常生活中就让孩子主动承担一些家庭责任，如让孩子管理家庭日常开销或者承担部分家务等，就会让孩子看到自己若干年后可能会过的生活——父母的现状就是最好的例子。这样，他们会发现，原来所谓的充满压力的生活就是现在这个样子，并没有什么大不了的，自然也就消除了对未来的不安。

3. 帮助你的孩子制订计划

为人父母的我们，都希望孩子有一个令人满意的未来，都望子成龙、望女成凤，那么，你就需要在为孩子制订计划上遵循一些指导原则：

（1）你要明白，父母对孩子的未来计划并不能决定孩子的未来。

（2）你应该意识到，孩子现在还小，没必要早早做出职业选择。

（3）即使孩子不打算上大学，你也应该引导他严肃地对待中学和小学生活。

（4）要为孩子对金钱的要求做好准备。

的确，我们的孩子早晚都要走出家门，开始独立生活，作为父母的你，应该审慎地对待这一点：让孩子自己做决定，放弃自己的权威，并帮助你的孩子做出对未来的一些规划，让他坦然面对现在！

了解孩子的成长规律，尝试理解逆反期的孩子

场景1

你说："天冷了，穿上毛裤吧。"

孩子说："用不着，我不冷。"

你说："天气预报我刚听过，还能有错吗？"

孩子说："我这么大了，连冷热都不知道吗？"

你说："你怎么越大越不听话，还不如小的时候呢？"

孩子说："你以为我傻呀，真是的。以后少管闲事。"

场景2

妈妈："最近怎么回事，老有男生打电话找你，成什么样子？你已经是大女孩了，不能乱和男生接触。"

女儿："要你管？"

这样的场景，或许很多家长都遇到过。我们会发现，孩子好像故意和自己作对似的，总和自己唱反调。很多父母感叹："我让他往东，他就是往西。""我说的话，他就当没有听到。"的确，现在的孩子，出现逆反心理的年纪越来越小。逆反心理是指人们为了维护自尊，而故意采取与对方的要求相反的态度和言行的一种心理状态。

儿童之所以产生叛逆心理，主要有以下三个方面的原因：

第一，孩子身体在急速成长，这也给他们的心理造成了一些冲击，他们往往会对此感到不知所措，因此，他们便会产生浮躁心理与对抗情绪。

第二，除了身体上的发育外，他们也希望获得独立，希望周围的人把自己看作成年人，因此，他们在面对问题时常常呈现一种幼稚的独立性，想独立自主，却无法完全脱离父母的帮助。

第三，随着与社会接触的增多，社会上各种新奇事物的冲击也让孩子们对很多东西产生兴趣，他们便要通过表现个性、追逐时尚等方式满足好奇心。

另外，社会和家庭教育的一些不足也成为孩子叛逆的源头。孩子如今面临的各种压力，如学习压力、生活中的无聊情绪等，也是叛逆心理产生的"沃土"。

很多家长一看到孩子出现与以往不同的举动，就认为这是逆反行为，担心自己的让步就意味着孩子的越轨，然而，对孩子的每个小细节都横加指责会使较小的争吵升级为全面战争，因为孩子最厌恶的就是父母对自己管得太多、干涉太多。

为此，在孩子有逆反苗头的时候，家长首先要反思，也许是自己正在挑起这种情绪，或者孩子对自己的什么地方有意见。反思之后，再有针对性地想办法解决。

任何一位家长，都希望自己的孩子能健康、快乐地成长，而孩子的叛逆心理，则是孩子生活、学习的最大杀手，同时，它也打乱了正常的家庭生活秩序，有些孩子甚至因为一味地反抗家长而走上了违法犯罪的道路，因此，在这个过程中，家长的疏导就显得尤为重要。

1. 面对孩子的变化，不必大惊小怪

我们首先要做的是了解孩子身心的变化，如此便能理解孩子的这些变化其实都不是什么大问题，在此基础上，我们就能坦然接受孩子的变化，并能转换角度，从孩子的立场看问题。

2. 找出孩子产生叛逆心理的原因，有的放矢，对症下药

我们知道，每个孩子产生叛逆心理的原因和表现都是不同的。

如果女儿只是尝试穿妈妈的高跟鞋，用妈妈的化妆品，或者儿子换了一种新潮的发型，你完全可以把这种现象当作普通的爱美之心。例如，你可以告诉孩子："妈妈知道你是想保持身材，这是好事情呀，追求漂亮是你的权利呀。但最好穿厚些，感冒了，会影响课程，那样会很受罪，那时候你还会有心情欣赏自己的体形吗？"

如果孩子事事和你作对，拒绝接受你的任何意见，就需要第三方介入；可以让孩子信任的长辈与他好好沟通；或者寻求心理医生的帮助，进行家庭干预或家庭治疗。

当孩子出现比较激烈的叛逆心理时，父母要学会心平气和地去开导他们，也可以适当地请教心理专家，用理解的心态逐步解决问题。

3. 与孩子交流忌从学习引入

同孩子交流，家长不要总以学习成绩引入，这样只会让孩子心有压力，怀疑家长交流的动机。交流时，家长可以从家事入手，将孩子的情绪稳定下来后，再谈正事。

4. 孩子的叛逆也可以预防

为了不让孩子出现逆反情绪，你需要从小就和孩子建立良好的亲子关系，积极和孩子进行沟通。在和孩子沟通时，最好以朋友的方式，将孩子当作一个独立的个体。

总之，面对孩子的逆反心理，家长需要多些关心，也要保持平和心态，了解孩子成长的发展规律，帮助孩子解决实际问题。

发现孩子的兴趣爱好并加以引导

自从苗苗在市里的小提琴大赛上获得了二等奖以后,苗苗妈妈就成了小区里有名的"教育专家"。她一下子成了"名人",无论是上班还是下班,都会被一些家长拦住,询问教育心经,而苗苗妈妈也沉浸在这种快乐之中,给这些家长传授教育孩子的经验。这不,周末的早上,她想到小区花园坐坐,又引来了一群家长。

"你们家苗苗是怎么教育的啊?说句不好听的,我看这闺女平时也不怎么努力学习啊,我儿子说,苗苗还迟到过几次呢!"有位家长说。

"是啊,我儿子正好相反,每天大部分时间都在学习,可是也看不到什么成效,我也不知道他以后能做什么,真是着急啊!"

"其实,每个孩子都是天才,最重要的是我们家长要善于发现孩子的兴趣和爱好,再加以引导,兴趣是最好的老师,有了兴趣,孩子才能学得好啊!"苗苗妈妈说。

"对,这话不错,可是说起来简单,具体该怎么做呢?"有位家长发出了疑问。

"其实吧,这个我也不是很清楚,每个孩子不一样啊,不过,我们大家可以一起探讨一下啊……"

"我觉得……"

"我觉得……"

就这样,大家七嘴八舌地说了起来。

的确,生活中,有不少家长发牢骚:怎么孩子上学了,还是不懂事?以前喜欢玩玩具,现在喜欢玩一些"高科技"的,但怎么总是不爱学习呢?真是令人担忧啊!其实,家长忽视了一个最重要的原因:孩子对学习没有提起兴趣,没有积极性,怎么会学得好呢?

其实,每一个孩子都有自己特殊的兴趣,父母是与孩子接触最多的人,没有谁比父母更能发掘他们的兴趣所在,只要父母做个有心人,就能培养出小艺术家、小运动员,甚至某个领域的大师呢!

那么,作为父母,该怎么发现孩子的兴趣爱好并加以引导呢?

1. 允许孩子在多领域尝试,并允许孩子犯错

当孩子在选择自己的爱好和兴趣时,父母应该给予其最充分的自主权,尊重并鼓励和支持孩子的选择。兴趣是最好的老师,任何孩子都具备一些潜能,这些潜能的开发基础就是孩子的兴趣,而不是所谓的"热门"和"有用"。

家长要给孩子多领域的尝试机会,使其扩大接触范围,拓宽视野,这等于说给了孩子更广的空间去发现自己的兴趣点。

当然,孩子在各方面都缺乏稳定性,容易对事物"三分钟"热度,这是家长们经常谈的问题。父母应该理解孩子,不要认为孩子是开玩笑,而非出于兴趣,也不能不问青红皂白就直接判断孩子不喜欢这个活动。遇到这样的情况,家长应该先和孩子沟通一下,了解孩子内心的真实想法,问清楚孩子为什么"不喜欢学下去了",是没有兴趣,还是难度大?只有明确了原因,你才能对症下药解决问题。

同时,你要明白,孩子在追求自己兴趣的过程中,也会犯错,孩子有兴

趣，并不代表他是天才。我们的孩子，包括比较优秀的孩子，总是按照"犯一个错误—认识一个错误—改正一个错误"的模式成长起来的。所以，我们必须允许孩子犯错误和改正错误。

2. 善于观察，发现其兴趣和天赋，善加引导

无论是学习还是个性发展上，孩子都有自主性，但人都是有差异的，孩子也不例外。不同的孩子，自然会有不同的兴趣，作为家长，不要有跟风心理，不要因为别人家孩子学什么有什么成就，就让你的孩子学什么，也不要轻易否定你的孩子的兴趣，而应该善于观察，发现他们的兴趣和天赋，因势利导，因材施教，使孩子的兴趣沿着积极、健康的方向发展。

但要注意的是，首先家长要和孩子有充足的时间在一起，才能谈得上观察。你可以利用休息时间，与孩子一起去购物、运动、阅读、参观博物馆，甚至一起做家务，既能与孩子交流感情，促进亲子关系的良好发展，又能了解孩子感兴趣的事物。

其次，孩子有时候会在别人面前表现出你不曾见过的一面，所以了解孩子的兴趣爱好，你还可以参考从孩子的老师、爷爷奶奶、外公外婆那儿获得的信息。

3. 帮助孩子扩展视野，从而知道孩子的兴趣和爱好

孩子如果没有机会接触世界上各种奇妙的事物，他们很难对外界产生兴趣，父母可能也就很难找出孩子的兴趣。因此，父母应该创造机会扩展孩子的视野。

当孩子还小的时候，孩子的兴趣和爱好可能仅限于那些玩具、娃娃，其中一个很重要的原因是孩子的视野小，孩子长大后，如果眼界太窄，是很不容易明确自己的爱好和兴趣的。对此，父母可以经常带孩子出去走走，也可以常带孩子逛书店、买书，并经常在家里读书看报，向孩子讲述书中有意思的故

事、娱乐性的内容或科普知识等；也可以带孩子去听音乐会、看画展等，让孩子感受艺术的气息，拓展孩子的眼界。

4.要善于表扬和鼓励孩子

家长是孩子心目中的第一个权威评价者，他们渴望得到家长的肯定。如果家长总是打击孩子，有可能摧毁其求知欲。因此，当孩子做得好时，家长可以适时表扬；相反，当孩子做得不好或者失败时，也要先发现孩子有创造性的一面，再鼓励他们。无论孩子表现得多么笨拙，无论他把事情做得多么糟糕，做家长的都不要求全责备，而应该细心引导，从心理上给予孩子关心和鼓励，保护和激发孩子的兴趣。

如何培养孩子的兴趣、爱好，发展其个性特长，是一门需要探索、钻研的学问。当然，培养孩子兴趣、爱好和特长的方式、方法有很多，不能一概而论，每位家长应根据自身不同的条件和孩子的不同表现，因人而异，因材施教，这样才能获得成功！

了解孩子的心理，走进孩子的内心世界

周医生开的心理诊所最近门庭若市，其中很大一部分都是来寻求帮助的家长。周医生遇到一位母亲，她这样陈述自己遇到的问题："当了十几年的妈妈，我第一次发现，教育孩子这么难，我儿子现在也不知道是怎么了，小时候，他还开玩笑说以后一定要找一个像妈妈一样好的女孩，可是现在我感觉他开始厌恶我，形象点说，他的耳朵现在就是个过滤器，同学和朋友的话他倒是听得进去，但对于我的话，他充耳不闻。于是，我们的办法就是通过大声地吼他来提高他的听进率。不过，事后又总觉得这样不好，担心给他留下什么阴影。我该怎么办才好呢？"

对于这位女士遇到的问题，周医生的建议是：最好不要吼孩子，这样做无济于事。事实上，据调查，74%的孩子希望妈妈不唠叨。的确，通常来说，母亲在孩子的衣食住行方面倾注了很多心血，但随着孩子逐渐长大，他们便把这种关心当成唠叨，甚至对母亲的话充耳不闻。这是为什么呢？

不知道你是否发现，随着孩子逐渐长大，他们的独立意识开始萌芽，虽然不如青春期的孩子有强烈的独立愿望，但他们也不愿意再像"小孩子"一样服从家长和老师，他们希望获得像"大人"一样的权利，因此经常固执地与父母顶撞。不愿与父母沟通交流，对父母的教导表示厌烦。这些都是正常现象。

而很多父母和案例中的这位女士一样，孩子不听，就更加频繁和大声地唠叨。但这样真的有效吗？答案当然是否定的。

孩子把大人的话当耳旁风，当然也有父母的原因：家长讲话太啰唆，孩子不愿听。也有可能是孩子做错事，怕受大人责怪才装作听不见。

不管是哪种情况，家长都要注意以下几个方面：

1. 多听少说，了解孩子内心的真实感受

我们不能否认，有时候，我们的出发点有利于孩子，但却采用了错误的教育方式。我们可能没有意识到，自己平时对孩子的要求常常置之不理，也忽视了孩子的内心感受，这会使孩子感到沮丧、不被尊重。如果我们能加以改正，多听少说，孩子也就不会拒听大人的"命令"了。

2. 要表意明确，言简意赅

调查资料显示，当父母在孩子面前喋喋不休，把自己真正要讲的意思和许多没有意义的话，如抱怨、絮叨或责备等夹杂在一起，或是把要和孩子说的几件事和几个要求都混在一起时，结果会适得其反。

3. 不必大声说话

大喊大叫地对孩子发布命令，这是最不明智的做法。因为虽然此时孩子的注意力都在父母身上，但他关注的只是父母脸上的愤怒表情，而不是父母所说的话。事实上，父母越是温柔和轻声地说话，孩子越容易关注父母所说的话的内容。

4. 多给孩子一些决策空间

儿童已经不是襁褓中的婴儿，也不是牙牙学语的幼儿，他们已经有了独立决策的能力，为此，你不妨做出一些教育方式的改变：

（1）尽量让孩子自己做决策，甚至，你可以为孩子制造些自主决策的机会，而你要做的，并不是替孩子成长，而是站在他的身边默默支持他、帮助他。

（2）给孩子一定的空间范围，让他自己经营。他的房间归他管，你只有建议权，他有决定权。

（3）当孩子向你伸手、希望获得你的帮助的时候再出手。

（4）不要害怕孩子受挫折，这是一个必要的过程。

作为家长的我们，如果能了解孩子的心理，并做到以上几点，相信我们一定能走进孩子的内心世界，他们自然也不会对我们的话采取置若罔闻或者随便敷衍的态度了！

第6章

培养情绪韧性：
别让挫折吞噬孩子的积极性

"有志者，事竟成，破釜沉舟，百二秦关终属楚；苦心人，天不负，卧薪尝胆，三千越甲可吞吴。"这句励志名言告诉无数人，失败并不可怕，只要有勇气承担失败，再从失败中站起来，即使屡战屡败，也会百折不挠。而这种从失败中奋起的勇气需要经历人生的磨炼方能获得，磨炼孩子的意志，是父母培养孩子成才不可忽视的一项工作。

引导孩子学会正视考试失利

小乐已经读二年级了,她很懂事,是个认真学习、努力的女生,可令她自己和老师苦恼的是,一到考试,她就怯场,无法发挥自己正常的水平,结果就考砸了。她烦躁不安,觉得自己很没有用,对不起老师和父母,也提不起精神学习。有一次,她和妈妈谈心的时候说:

"我马上就要上三年级了,可成绩总是不理想,刚刚上小学的时候我知道我的成绩不错,老师也很喜欢我,但是就在这个学期考了一次数学,结果成绩一下子掉下去了。后来学习的时候,我就提不起兴趣了。期中考试的时候,我的成绩更下滑了,慢慢地,我更不喜欢数学了。妈妈,我该怎么办?"

很多学龄的孩子都要面临考试,而面对考试失利,自然是有一定心理压力的。考砸时的压力是学生主观认知和客观条件冲突的结果,考试前,他们对自己的能力和水平有个评估,而在考砸以后,在客观结果上就形成了一种差距,于是心理压力也就产生了,这种心理的危害是相当大的,轻者产生心理阴影,重者会做出一些过激的行为。因此,作为父母的我们,一定要帮助孩子减轻考试压力,帮助他们以正确的心态接受考试结果,具体来说,我们可以这样做:

1.引导孩子学会正视失利

我们要告诉孩子,胜败乃兵家常事,即使考试考"糊"了,也是正常的,一定要勇敢些,承认失败,并尽快从失败中找到经验和教训,如果一味地生活在懊悔或自责中,消极地看待失利后正在或将要面临的问题,能有重新开始的信心和勇气吗?因此,不妨勇敢些、乐观些、积极些,否则,考试的失利会转化成心情上的失落乃至人生的失意,而后者对人的"杀伤力"是十分可怕的。

2.告诉孩子降低过高的学习目标

你可以引导孩子明白,重视学习过程而不要过于计较考试结果,把考试当成作业,把作业看作考试,以平和的心态对待考试,这样,即使考砸了,也不会太过失望。

3.帮助孩子转移注意,学会排解消极情绪

没有哪一个孩子不想获得好成绩,但是考砸了,难免会情绪低落,此时,你不妨告诉孩子暂时转移注意力,打破静态体验,用动态活动转换情绪。

例如,你可以告诉孩子,听听自己喜欢的歌曲,也可以出去运动,或者和好朋友一起逛街、吃点好吃的,这都有助于缓解失意情绪。转移注意力不是逃避现实,而是尽可能地把愉快、向上的事串联起来,形成愉悦身心的"多米诺骨牌效应",这样你就可以逐步摆脱烦恼与沮丧,拥有一个阳光灿烂的心情。

4.引导孩子倾诉情绪,不制造人际隔阂

有些孩子考试没考好,特别是重大考试考"糊"了以后,便会背负起沉重的精神包袱,往日的笑脸不见了,整日深居简出,羞于见同学和老师,面对同学的电话或来访持抵触心理。其实这是不明智的,是在为自己制造人际隔阂,同时也暴露出心理的脆弱。

而作为父母的我们,可以引导孩子倾诉心中的苦恼,因为倾诉可以让心灵得到释放。你可以告诉孩子：为什么不走出去，找亲朋好友倾诉一番呢？即使痛哭一场也总比一个人躲在家里自责强啊！烦恼发泄出来了，"失意"的病毒便在你心里无处藏身了。

5. 和孩子一起总结经验教训

你应该让孩子明白，一次失利并不代表次次失利，应多问问自己：为什么会失利？应该怎么补救？自己要认真想明白，是自己知识没有学好，还是考试时太粗心了。如果是课本知识没学好，就要加强学习，对每个问题都要理解透彻，努力弄懂弄通，同时，加强练习，熟悉各种题型，夯实自己的基础。考试时做到耐心细致，以免粗心大意造成不必要的丢分。学习是件很轻松很愉快的事，学习时专心学习，玩时痛快地玩，放松自己就是解放自己。

总之，我们要告诉孩子，人生不如意十之八九，考试的结果并不重要，考试失利也不过是命运对心理承受能力的一种考验。

你的孩子，不会轻易被挫折打倒

　　古之立大事者，不唯有超世之才，但必有坚韧不拔之志。如今很多家长都希望自己的孩子成绩优异，只要孩子好好学习，对孩子的要求尽量满足，却忽视了对孩子情绪管理能力与意志力的培养。没有坚强的意志，孩子很难拥有与挫折抗争的勇气和决心，是经不起失败的人。培养孩子的抗挫折能力，孩子才能够比一般人更有勇气迎接困难、挑战困难、战胜困难。

　　因此，我们有必要引导孩子正确面对失败，面对人生不顺，而且这种经历也是一种财富。生命中的每个挫折、每个伤痛、每个失败，都有它的意义。很多父母已经意识到这个问题，于是，市面上出现了很多对孩子进行"吃苦"教育的夏令营活动、"磨难教育"活动等。在日本，甚至许多家长鼓励孩子从事冒险活动，其目的无非是让孩子多经历一些坎坷，多参与一些实践，培养、锻炼孩子们接受挫折和战胜挫折的能力和意志力。

　　对所有爱好打篮球的少年而言，长大去打NBA大概是他们很多人的梦想，其中就有年幼的博格斯，当他说出这句话的时候，他的伙伴都捧腹大笑，认为这是天方夜谭。因为当时的博格斯个子太小了，他在同伴中是最矮小的一个。他的身高只有160厘米，这样的身高即使在平常人眼里也不算高，更不用说在两米也很常见的NBA了。

即使如此，博格斯也没有放弃自己的梦想，他依然热爱篮球，并决定长大后一定要去NBA。他天天和同伴奔跑在篮球场上，其他人都已经回家了，他还在练球；夏日，别人都在避暑，他也在球场上练球，他在篮球场上花了比别人多几倍的时间。

博格斯深知自己身高上的不足，但他转念一想，这也可以是自己的优势：他在打篮球时行动灵活迅速，像一颗子弹一样；运球的重心最低，不会失误；个子小不引人注意，抄球常常得手。

终于，他成功了。在NBA中，博格斯是夏洛特黄蜂队中表现最杰出、失误最少的后卫之一。他不仅控球一流，远投精准，甚至在"高人阵"中带球上篮也毫无畏惧。他像一只小黄蜂一样，满场飞奔。

博格斯是NBA历史上最矮的球员，但他把别人眼中的不可能变成了现实。这就是勇气，拥有勇气的人能一次次接受失败，再从失败中寻找自己的优势，重新站起来，迎接新的挑战。

孩子怕苦，就不会成功，就不会搞好学习，遇到困难就后退，悲观地对待生活，这样很难适应社会的竞争。作为家长，要注意实践的磨炼是让孩子直接理解人生、融入社会、锻炼意志、培养自信的最重要手段，对一个人的成长非常重要。父母该怎样提升孩子面对挫折的情绪能力呢？

1. 引导孩子在心理上更独立

家长不能代替孩子考虑问题，要孩子自己去思考，尊重孩子的意见，这样孩子能独立思考问题，有主见，从而为孩子以后扛住压力、熬过挫折打下基础。

2. 设置生活挫折和障碍

在生活中，设置一些挫折，让孩子去面对，也可以让孩子参加社会实践，或者让孩子锻炼自己，接触社会，培养吃苦精神。

另外，在孩子面对挫折情绪波动时，我们要相信孩子的判断力，并给他足够的时间调整心态。强迫他接受你对他的帮助，会使他产生真正的挫折感。孩子接受现实后，会自行调整的。即使失败了，父母也要相信，下次孩子一定可以做得更好。

总之，家长不要错过让孩子学习、锻炼的每一次机会，努力提高孩子接受现实的勇气，为今后生存打下良好的基础。未来是属于孩子的，未来的路要靠他们自己走，未来的生活要靠他们自己创造。

"输不起"的孩子容易消沉怠惰

任何一位家长都明白一个道理，我们的孩子最终都会长大，都要步入社会、参与社会竞争，而竞争的不仅是知识和能力，也是心态，能输得起、拿得起、放得下的人才能笑到最后。家长在培养孩子健康情绪能力的过程中起着不可替代的作用，孩子阳光、健康的心态，必须靠父母的引导才能获得。可是现实生活中，很多家长对自己的孩子疼爱有加，不愿看其受委屈和挫折；也有一些家长往往喜欢将孩子的成功当作自己的"门面"，赢了就夸孩子聪明、能干，输了就指责和埋怨孩子笨，这种教育方式是很不可取的，这样做很容易让孩子走向两个极端：要么失败了就爬不起来，要么非赢不可。这样的孩子哪里输得起，怎能正视挫折和失败？

我们发现，这些"输不起"的孩子与人交往时，往往喜欢做核心人物；当不能成为社交中心时，就会发脾气；同时，他们不会感谢人，易受外界影响。其实，当孩子遇到挫折而沮丧、焦虑、自卑时，家长的职责不在于保护孩子今后不受挫折，而在于提高孩子抗挫折的能力。家长应有意识地在日常生活中培养孩子做事的目的性和持久性，并帮助他们通过克服困难来锻炼意志。

一天，小刚妈妈接到学校打来的电话，说小刚和同学打架了。当她忐忑不安地赶到学校后，发现儿子和另一个男生果果及果果的父母都在班主任的办公室里。原来，儿子班上要重新选举班委会，由孩子们自由投票决定。最后果果以2票的优势胜出当选班长。儿子接受不了这个现实，当场就哭了起来，并冲过去用力推了果果一把，果果猝不及防，一头撞在桌子上，鼻血直流。

小刚妈妈自知理亏，赶紧主动向果果一家认错、道歉。问题解决后，小刚妈妈带小刚径直回家。丈夫脾气暴躁，一进家门就忍不住要教训儿子。看着孩子害怕的眼神，妈妈连忙拉住了丈夫。冷静下来后，他们问儿子当时为什么要推果果，被这么一问，儿子眼泪又出来了，抽噎着说："我的票数为什么会比他的少？我为什么不能当班长？"

小刚的这种心态就是输不起，生活中，可能有不少孩子也这样，平常一旦输给别人就会表现出沮丧的神情。这不是孩子竞争过程中的健康情绪体验，此时，很多家长没有设法引导他的好胜心，反而表现出对孩子的失望和不满。孩子在极度好胜与遭受挫折的双重挤压下，就表现出了和小刚一样过激的行为。

也经常有家长抱怨，"每次和孩子一起游戏，只要我赢了他，他就会很不开心，闹着说不算数，硬要重来""我们家孩子不会交朋友，做游戏、参加比赛他只能赢，不能输，小朋友都不愿意和他玩"。争强好胜，赢了就满心欢喜，输了就大哭大闹。这也是"输不起"的孩子。

其实，从心理学的角度讲，孩子"输不起"是一种正常现象。无论做什么事情，孩子总是希望自己比别人强，以获得周围人的认可。可是因为孩子年龄小，各方面都不成熟，他们并不了解自己的强项和弱项，在人前或是在集体活动中，一旦不如人，他们就会表现出不高兴。

一般来说，孩子"输不起"会有两种表现，一种是面对挫折和失败，采取回避的办法逃避困难。例如，妈妈批评小强学钢琴不认真，不如隔壁的玲玲弹得好，听到这话，小强就索性不弹了。另一种是一旦在游戏中输了，就大发脾气或哭闹以示拒绝。在幼儿园，老师们常会遇到因为抢不到发言机会而委屈哭泣的孩子。

虽说好强是孩子正常的心理，但如果太在意每一次得失，就会影响他们与别人相处。面对"输不起"的孩子，父母需要费点心思，帮助孩子排解这种坏情绪，让他们体会做每件事带来的各种情感经验。作为孩子的第一任教师，家长在孩子个性形成过程中起着非常重要的作用。引导"输不起"的孩子，家长首先要平衡自己的心态，正确看待孩子的失败。当孩子在学习和游戏中受挫时，应该教育他们克服沮丧和悲观的思想，帮助他们分析失败的原因，建立积极的心态对待暂时的受挫。

面对"输不起"的孩子，家长该如何开导，让他们坦然面对输赢呢？

1. 在日常生活中

家长应该尽可能地协助他们体验成功，建立起自信。但失败在生活中又是不可避免的，要让孩子将之视为另一种情感体验，在孩子情绪低落时，家长要多鼓励，帮助他们积极面对挫折。家长这样说，既告诉了孩子失败和受挫是成长过程中不可避免的事情，同时也鼓励他积极面对。

2. 当遇到不能避免的失败的时候

家长不要过多插手，为孩子排除一些在正常环境中可能遇到的困难，当孩子遇挫时，家长不要立刻插手，不妨让孩子自己面对失败。

3. 在集体游戏中提高孩子的耐挫力

孩子会经历一些挫折和失败，这些失败的痛苦经历能让他们更好地认识自己，发现自己的缺点和别人的长处，发展他们的内省智能。这样，他们一方面学会了欣赏别人，和同伴友好相处，共同合作；另一方面，在与同伴的交流中，学会如何克服困难、解决问题。

4. 大人和孩子游戏时不要经常故意输给孩子

适当地玩一些输了也有奖励的游戏，奖励的前提是让孩子总结出输的原因。通过这种办法，可以平衡孩子"输不起"的心态。

总之，在孩子成长过程中，当发现孩子总是希望自己比别人强，一旦不如人，就表现出不高兴的时候，家长就要意识到孩子有"输不起"的心态。对此，作为家长要进行有效干预，一段时间过后，这些引导就会起作用，在屡次的竞争中，无论是输是赢，孩子都能够保持平和的心态。在这种轻松的心态中，孩子的表现也自然更优秀。这样的孩子能真正从"竞争"中成长和获益！

提升孩子面对挫折的情绪管理能力

人生中，困难和危险无处不在、无时不有。一个勇于迎战困难的孩子，才有战胜困难、夺取成功的希望，而那些蜷缩在温室中、保护伞下的孩子注定在困难面前崩溃，因而不能成功。这就告诉父母，在教育孩子的过程中，培养孩子勇于尝试，是必不可少的一步。因为人一旦失去了尝试的勇气，就失去了一切！

我们不得不承认，现在的很多孩子都生活在蜜罐里，过着衣来伸手、饭来张口的生活。他们是整个家庭的中心，父母过度的"保护"，让孩子既缺乏承受挫折的机会，又没有承受挫折的思想准备。所以当挫折摆在面前的时候，这些孩子就会表现出懦弱、悲观、处处想逃避的想法。但是生活并非一帆风顺，而是处处藏着逆境的，对孩子来说也是如此。因此，引导孩子懂得如何正确对待挫折、失败、困难，使他们具有较强的心理承受能力和坚强的意志，能够重新来过，对他们将来的成长，有着非同寻常的意义。

对孩子进行耐挫折教育，家长必须认识到爱孩子应该是理智的爱，不能迁就他。在生活中很多父母对孩子嘘寒问暖，不让孩子受一点点委屈，这是爱孩子的表现，但过度的关爱和保护，会让孩子失去许多动手的机会，面对困难的机会便很少，生活经验也会更少。孩子在过度的关爱中形成了依赖思想，把自己定位在"弱者"这一角色上，当遇到什么困难时，首先想到的便是家长，而没有自己克服的意识和勇气。因此，提升孩子面对挫折的情绪管理能力，有助于引导孩子更有勇气承担失败,也更能在失败中崛起。那么,家长应该怎样引导失败的孩子再尝试一次呢?

1. 引导孩子从失败中学习

当孩子遭遇挫折和失败时,父母应引导孩子分析受挫的原因,从中吸取教训,并想办法克服困难。当他自己克服了困难时,父母应鼓励、肯定,让孩子体验成功的喜悦,增强克服困难的信心。如果他自己克服不了困难,父母应给予适当的安慰和帮助,以免造成孩子过分紧张,影响身心健康。

有位母亲分享了帮助女儿克服下围棋时"输不起"的心态的经验:"当我女儿在下围棋时出现了那样的情况以后,我总是有意识地引导:'下围棋时肯定会有输赢,只要你好好学,什么时候技术超过了别人,你就能战胜对方了。如果你现在还比不上人家,被别人吃掉,你也要勇敢些,别哭,你下围棋时多用小脑袋想想,是哪里出错了……'经过一次又一次的心理引导和实践中,孩子的承受力渐渐增强了。现在她也参加了小学围棋班的学习,考验的机会也多了,孩子面对失败也更坦然了。"

2. 给予鼓励

当孩子失败时,当他误以为自己走投无路的时候,他最需要父母帮助点燃心中的希望,看清自己的潜力。这时,父母应鼓励孩子挫折只是暂时的,因为努力的人无缘绝境。孩子在你的鼓励下就会跃跃欲试,当他有了成功的体验后,就有面对困难懂得尝试的意识了。

3. 给予尝试的机会

孩子毕竟还小,对他们认为困难的事情,他们有时会拒绝去做,但如果父母帮他们将目标确定为"试一试",而不是"成功",孩子的内心就会轻松许多。

如果他们被剥夺了尝试的机会，也就等于被剥夺了犯错误和改正错误的机会，离成功之路也就越来越远。优秀父母的聪明之处在于：即便是一次失败的努力，也让孩子从中有所收获。当孩子拒绝尝试时，父母要及时地给予鼓励，鼓励孩子尝试，哪怕是一次失败的尝试。如果孩子能在尝试中成功，那就会给他们以成就感，从而获得面对困难的勇气；如果尝试失败了，父母再出面予以帮助，在帮助中教孩子解决问题的方法，让他懂得面对困难挫折不要退缩，而要勇敢地解决。

4. 借助孩子的其他优势激励他

在某一领域里的充分自信，可以帮助孩子更好地面对来自其他方面的挫败。如果面临挫折，孩子将自己的优点丢在了脑后，父母要及时提醒他，借助优势调动他改变弱势的信心。

"女儿在前段时间要去参加捏泥塑比赛，作为妈妈自然希望她取得好成绩。在家里我总想方设法让她多练习。女儿虽然对动手操作感兴趣，但是对难度大一些的事物总是不想多实践。我觉得我应该先让她对难的事物感兴趣，兴趣是最好的老师嘛。于是我跟她说：'你看你刚才捏的这个真的很难，妈妈只教了你一次，你都捏得比妈妈好了，真了不起。那一个好像更难了，我们一起捏，你教教妈妈好不好啊？'女儿借助自己的优势而树立起的信心，可以弥补她面对难度大的挑战时缺乏的信心。"

优势激励，能让孩子有一种自我价值的肯定，这种心理暗示，能鼓励孩子从挫折和失败中重新站起。

总之，作为父母，不要让你的孩子成为一个弱者，不要让他在失败中不堪一击，不让他像鸵鸟一样在遇到危险的时候，就把自己的头藏在沙土中以获得心灵上的短暂放松。父母需要培养孩子的抗挫折能力和越挫越勇的斗志，应该让孩子时刻记得，放弃就意味着失败，尝试就有成功的可能！

挫折教育必不可少

人们常说："自古英雄多磨难。"这句充满智慧的警句，生动地说明了一点：父母培养孩子从小学会应对挫折，会使孩子终身受益。实践告诉我们，要教育好孩子，除了要教孩子掌握一定的科学文化知识和技能外，还必须帮孩子打造良好的心理素质，人只有经历过挫折，从小培养顽强的意志力、忍耐力和坚韧不拔、不屈不挠的精神，最终才会获得成功，才能在竞争中立于不败之地。给孩子一点挫折，对孩子的一生是大有益处的。放开手让孩子独立面对生活的各个方面，让孩子自己解决，孩子几经"折磨"，将来就不会像温室里的花朵那样，禁不起风雨。这就告诉父母，挫折教育必不可少。

印度前总理甘地夫人，不仅是一位非常杰出的政治领袖，更是一位好母亲、好老师。在她教育儿子拉吉夫的过程中，曾有这样一件事情：

在拉吉夫十二岁的时候，他生了一场大病，医生建议他做手术。医生和甘地夫人商量术前的一些事，医生认为可以通过说一些安慰的话让拉吉夫轻松面对手术，如可以告诉拉吉夫"手术并不痛苦，也不用害怕"等。然而，甘地夫人却认为，拉吉夫已经十二岁了，应该学会独立面对了。于是，当拉吉夫被推进手术室前，她告诉拉吉夫："可爱的小拉吉夫，手术后你有几天会相当痛苦，这种痛苦是谁也不能代替的，哭泣或喊叫都不能减轻痛苦，可能还会引起头痛，所以你必须勇敢地承受它。"

手术后，拉吉夫没有哭，也没有叫苦，他勇敢地忍受了这一切。

关于孩子的教育，甘地夫人有自己的心得，她认为，生活本来就不是一帆风顺的，有阳光就有阴霾，孩子在成长的过程中，有快乐，就会有坎坷。而一个个性健全的孩子就是要接受生活赐予的种种经历，这样才能从容不迫地应对未来生活的各种变化，而不至于因为受挫而一蹶不振，这就是人们常说的"甘地夫人法则"。

的确，困难和挫折是一所最好的学校，在这所学校里，孩子能历经磨炼，"艰难困苦，玉汝以成"。没有尝过饥与渴的滋味，就永远体会不到食物和水的甜美，不懂得生活到底是什么滋味；没有经历过困难和挫折，就品味不到成功的喜悦；没有经历过苦难，就永远感受不到什么叫幸福。尽管父母都不想让孩子经历苦难，希望他们的人生路上充满笑脸和鲜花，但生活是无情的，每个人的人生路上都会有各种各样的苦难，畏惧苦难的人将永远不会品尝幸福。

父母无论对孩子的期望有多大，希望孩子将来从事什么样的职业，现在都应该帮助孩子学会面对挫折和困难，而不应该一味地宠溺孩子，不让孩子经受一点风浪，这看似是爱孩子，实际上是害孩子，导致他们长大后陷于平庸和无能。同样，家长还要考虑到孩子有一定的依赖性，对孩子放手固然正确，但要慢慢来。孩子对挫折的承受能力有限，在孩子受挫时，家长要告诉孩子：跌倒了，自己爬起来。这就给了孩子一种能力的肯定和切实的指导，此时的挫折教育才是有意义的。

父母在生活中培养孩子的抗挫折能力，需要从以下几个方面努力：

1. 父母的心态要积极

作为父母，我们也是孩子的老师。父母如何对待人生的挫折，首先是对父母人生态度的一个考验，其次会对孩子产生深远影响。

如果我们在挫折面前积极乐观，把挫折看成一个人生的新契机，那么孩子在我们的影响下，也会直面人生的各种挫折，以积极的心态迎接各种挑战。反过来，如果我们在挫折面前消极悲观，回避现实，那么只能降低自己在孩子心目中的威信，更不利于教育孩子正视挫折。

2. 放手让孩子自己经历挫折，而不是包办孩子的一切

人生之路，谁都不会事事顺心。有掌声，也有挫折；有阳光明媚，也有风雨交加。人生之路往往挫折坎坷比康庄大道多。我们的孩子还小，将来还要面对复杂多变的社会，所以我们要让孩子从小学着面对逆境和挫折，绝不能替孩子包办一切，让他们失去锻炼的机会。

3. 鼓励孩子勇敢面对

孩子在任何时候都需要父母的支持，挫折发生时，鼓励孩子冷静分析，沉着应对，找到解决挫折的有效办法。平常和孩子一起探索战胜挫折、克服消极心理的有效方法，帮助孩子进行自我排解，自我疏导，从而将消极情绪转化为积极情绪，增添战胜挫折的勇气。在父母的鼓励下战胜挫折的孩子，只要学会抵抗挫折，他们就会成为人生路上不断前行的勇者。

对成长中的儿童而言，挫折是一种珍贵的资源，也是一种人生财富。古今中外的理论和实践都证明：挫折教育可以增强孩子的适应能力，磨炼其意志，助其形成自我激励机制，有着其他教育无法替代的作用和价值，这正是孩子成长必不可少的"壮骨剂"。但挫折教育也需要家长的引导，父母应引导和培养孩子在不同情境下战胜挫折的应变能力，激发孩子的大脑潜能，激发他们探究未知事物的兴趣，提高他们解决问题的能力，并从中获得可贵的人生智

慧，形成坚忍的意志品质。

　　总之，作为父母，要让孩子明白，人生路上，免不了挫折。如果我们希望孩子能在未来社会独当一面，能成为一个敢于面对逆境和挫折的人，就要让孩子从现在开始从容面对，而不是无奈逃避。让孩子明白挫折是生活的一部分，教孩子正确地看待挫折，孩子才能更快地成长、成熟，将来才会更好地把握自己的人生！

乐观的心态要从童年开始培养

乐观的人往往善于在平凡的日常生活中找到快乐，在不愉快的情境中找回欢乐，能轻松自如地化解一些尴尬，以积极的心态面对生活，不但自己整天开开心心，也感染别人，使别人同样感到快乐。可见，乐观的心态是很重要的。

心理学的研究表明，乐观的孩子开朗、活泼；对待生活热情，不怕失败，敢于尝试；对事物充满极大的兴趣，创新意识较强。乐观的孩子在学校的表现往往比较好，在学习和生活中，积极性都比较高，而他们长大了也容易获得成功。我们还发现，那些成功人士，无不有着乐观的心态，而他们乐观的心态，是在经历了人生的磨难和生活的历练以后获得的，与此相对，现在很多家庭，父母辛苦打拼，全部心血都是为了孩子。家长满足孩子的一切要求，好吃的、好穿的、好玩的，甚至还想给孩子留下一笔可观的财产，父母想着孩子的一辈子，可是这样优越的生长环境，却造成了孩子心灵上的空虚，凡事悲观消极、闷闷不乐。这正是吃苦教育的缺失造成的。

乐观的心态不是每个人都拥有的，但是可以培养，从童年时代就应该开始培养。作为家长，在孩子的成长过程中，我们一般只注重孩子的身体健康和学习成绩，却忽略了影响孩子一生的至关重要的一点，那就是孩子的心理健康。那么，家长如何培养孩子积极乐观的心态呢？

1. 勿对孩子控制过严

作为家长，当然不能对孩子不加管教、听之任之，但是控制过严又可能压制孩子天真烂漫的童心，对孩子的心理健康产生消极作用。不妨让孩子在不同的年龄阶段拥有不同的选择权。只有拥有选择权的孩子，才能感到真正意义上的快乐和自在。

（1）让孩子有时间享受"不受限制"的快乐。家中孩子一旦开始喊叫、跳跃，父母便会想办法制止，孩子只好越来越乖了。由此带来的却是孩子的热情和活力在一点点丧失，孩子的心灵也受到了压抑。

（2）体育活动。好的身体状况和运动技能，有利于孩子树立正确的自我形象观。

（3）笑出声来。笑出声来，对家长和孩子的健康都有好处。

2. 鼓励孩子多交朋友

不善交际的孩子大多性格腼腆，因为时时可能遭受孤独的煎熬，享受不到友情的温暖。不妨鼓励孩子多交朋友，特别是同龄朋友。本身性格内向、沉郁的孩子更适宜多交一些开朗乐观的朋友。

3. 教会孩子与人融洽相处

和他人融洽相处者的内心世界较为光明美好。父母不妨带孩子接触不同年龄、性别、性格、职业和社会地位的人，让他们学会和不同类型的人融洽相处。当然，孩子首先要学会跟父母和兄弟姐妹以及亲戚融洽相处。此外，家长自己应与他人相处融洽，做到热情、真诚待人，不卑不亢，不在背后随意议论别人，给孩子树立一个好榜样。

4. 物质生活避免奢华

物质生活的奢华会使得孩子产生一种贪得无厌的心理，而对物质的追求往往又难以得到满足，这就是贪婪者大多不快乐的根本原因。相反，那些过着简单生活的孩子,往往得到一件玩具,就会玩得十分高兴,这也是穷养孩子的原因之一。

5. 让孩子拥有适度的自信

拥有自信与快乐性格的形成息息相关。对一个因智力或能力有限而充满自卑的孩子,家长务必要发现其长处并发扬光大,并审时度势地多加表扬和鼓励。来自家长和亲友的正面肯定无疑有助于孩子克服自卑、树立自信。

6. 创建快乐的家庭气氛

家庭的气氛、家庭成员之间的关系,在很大程度上会影响孩子性格的形成。研究表明,孩子在牙牙学语之前就能感觉到周围的情绪和氛围,尽管当时他还不能用语言表达。可见,一个充满了敌意甚至暴力的家庭,绝对培养不出开朗乐观的孩子。

父母最好不要在孩子面前争吵,如果被孩子看到或听到,必须当着孩子的面解决,表示父母已和好,还会和以前一样快乐地生活,这样有利于孩子的心理健康,不会让孩子产生对未来生活的恐惧感。

在对孩子的教育上,不能是父母一方教育而另一方偏袒,正确的做法是父母要阵线一致,而对孩子的教育以讲道理为主,而不是靠打骂。建立一种相互信任的关系,孩子会因为父母表现出的对他的充分的信任感而自豪,有助于孩子乐观心态的形成。

7. 不要苛求完美

父母不可太过于追求完美,父母如果总是对孩子表示不满和批评,会伤害孩子的自尊,让孩子失去自信。

教育是一门艺术,每个孩子的教育结果就是父母的艺术成果,历经磨炼的孩子往往更乐观,更能以平和、阳光的心态面对问题和挫折,好心态能让孩子在成长的路上走得更稳健!

第 7 章

克服依赖心理：
孩子早晚要脱离父母独立生存

中国有句俗语："穷人家的孩子早当家。"这句话的意思是，要想培养孩子优良的个性品质，就应把养成孩子独立性、克服依赖性放在最重要的位置，摆脱依赖的孩子，才更积极主动。然而，孩子依恋父母，就像胎儿不愿脱离温暖舒适的子宫一样，孩子在自立的过程中，会产生痛苦、恐惧和焦虑不安，甚至愤怒和烦躁，严重者还会有攻击行为，因此父母需要掌握培养孩子独立性的方法和技巧。

适时放手，让孩子从小学会自己的事情自己做

现代社会，孩子受到家长的溺爱，造成了教育的"温室效应"，一些孩子任性固执、追求享受、独立性差，他们习惯了家长包办一切，生活中连最基本的自理能力都没有。因为在生活中，很多家长是这样做的：

早上快要迟到了，可孩子却是慢吞吞，受不了了，赶快帮他穿衣穿鞋；

看他吃饭慢吞吞的，天又冷，算了，喂他吧；

孩子说要自己洗澡，就怕他洗不干净，大了再说吧，这次还是我帮他洗吧；

父母生病了，本来想让孩子自己解决一顿饭，可怕他吃不好，还是坚持给孩子做饭吧；

上学的书包可真重，现在是长高的时候，帮孩子拿不为过吧；

孩子画画后桌面一片狼藉，可睡觉的时间又到了，算了，我来收拾吧；

要出去旅行了，小家伙怎么懂收拾行李，肯定是我来帮忙的。

这些现象在生活中随处可见，家长担任了孩子的"保护伞"，可家长似乎没有注意到，这样会导致孩子缺乏自立能力，将来在面对、解决困难时，都会表现出缺乏自信和独立性的问题，更别说独当一面了。因此，家长必须引起重视，要从小培养孩子"自己的事情自己做"的观念。著名教育家陈鹤琴先生说："凡是孩子自己能做的事，让他自己去做。"这不仅对培养孩子的独立性、自理能力很重要，同时也培养了孩子的责任感，使孩子能对自己

的生活、行为负责。从小开始，家长就应该让孩子做一些力所能及的事情，逐步养成爱劳动的生活习惯，对孩子的一生都意义深远。

有位妈妈在谈到教育儿子的心得时说："我们家里虽然是祖孙三代，可孩子的爷爷奶奶对孩子的独立性培养很重视。只要是孩子能力范围内可以完成的事情，我们都让孩子自己做，其他人在旁边，在必要的时候给予孩子指导。突然有一天，孩子高兴地说：'我自己会穿衣服了，你们不用帮我穿了，我自己的事情自己做。'让我感到十分高兴的是，他竟然真的自己穿上了衣服。虽然穿得歪七扭八的。我不失时机地夸奖了他，他高兴得一蹦一跳的。"

要教育出有出息的孩子，必须和这位母亲一样培养孩子的自理能力，这就要告诉孩子"自己的事情自己做"，因为孩子总有一天会长大，小的时候受到一点挫折，凭借自己的力量解决，长大就会独立解决更困难的问题。孩子总要离开父母的怀抱，走进竞争的社会，家长放手越早，孩子成熟越早。早些让孩子自立，孩子的责任感会增强，逐渐有了自己的主见，也就逐渐自立了。在这点上，家长应注意以下几点：

1. 父母首先要学会放手

培养孩子的自理能力，父母要有让孩子独立的意识，否则所有的道理都是空话。而所谓独立的意识，简单地说就是孩子能做的让他自己做，因为每个人的生活终将是每个人自己过，家长不能在他幼儿时剥夺他独立生活的意识。只有这样，孩子以后才能走得好、走得让家长放心。

从孩子学走路的那一刻起，孩子就已走上自己独立的征途。对父母而言，则要做到，只要孩子能自己走，哪怕走得歪歪扭扭，会摔跤，也要让他自己走。

2. 抓住时机鼓励孩子自己做事的愿望

其实，每个孩子都有自己动手的欲望与萌芽，不同的年龄段有不同的表现，如一岁多时爱甩开大人自己走路、自己去抓饭吃、自己穿鞋子等，因为他们对这个世界充满了好奇，想通过自己双手的触摸进行探索。当孩子有这些表现时，家长要鼓励孩子去做。

3. 让孩子自己照顾自己

孩子到了两岁，已经可以做一些事情了，这正是培养孩子自理能力的好时候，而从自己身上开始做、自己能做的事情自己做，是一个很好的方法。例如，自己喝水、自己走路、自己吃饭等。

4. 父母要有足够的耐心

我们经常能看见：孩子半天没穿好衣服或鞋子，妈妈冲到他面前，边数落边快速地帮孩子把衣服或鞋穿上。孩子动作都是慢的，因为这个世界对他们而言就是新的，我们看上去很简单的东西，对他们则不是，都要去学，反复练习才能做到。因此，家长要有足够的耐心。

例如，父母很赶时间，但孩子还在磨蹭，解决这个问题的方法是总结经验，把准备出门的时间提前一点，如打算9点出门，从8点10分或8点就准备。这样，就有足够的时间给孩子自己穿鞋穿衣了。可以给奖励的东西，但不能是物质的，最好是口头上的奖励，如摸摸他的头、冲他笑一下，或者给他一个大拇指，这样就够了。孩子从家长的表情、动作就可感知你的鼓励。每个人都是有惰性的，大人是，更不要说孩子了，关键看惰性来时怎么去引导。

总的来说，家长一定要让孩子多动手，告诉他"自己的事情自己做"，这有利于培养孩子自理的习惯和自立的能力。日常生活中，不要总是为孩子包办一切，纵容孩子的懒惰。凡事爱代孩子动手的习惯会妨碍孩子自理能力的培养及锻炼，更会剥夺孩子学会独立自理的机会。家长要鼓励孩子自己的事情自己做，在孩子做事时家长要有耐心，要容许孩子犯错误，只有这样，才能培养出一个独立、自理能力强的孩子。

孩子的意志，父母不可一味压制

生活中，可能很多父母都会认为，孩子只要听话、省心就好，然而，这样的孩子只能生活在父母的臂弯里，因为没有主见，更不能自立，这样的孩子是无法真正生存于社会中的，也很容易迷失自己。相反，有些孩子看上去"不听话"，其实正是因为他们有主见。父母对孩子的想法不能简单压制，而要倾听他们，创设沟通的氛围。

小星是一位电脑爱好者，平时一有时间，他就开始钻研电脑，但他的父母却规定，不许玩电脑，放学后必须做多少作业和练习，这让小星很不高兴。于是，放学后，他就尽量不回家，或去同学家或去网吧。不过说来奇怪，小星在这方面确实很有天赋，在全市青少年科技创新大赛上，小星居然获奖了，这让他的父母吃了一惊，并重新认识了孩子"玩电脑"这一事情。但小星却不领情了，他用自己的奖金买了电脑，从此一放学就把自己关在房间里。有时候，父亲为了"讨好"他，主动向他请教电脑方面的知识，他也不理睬。

有一次，父亲听老师说小星自己建了一个网站，便想看看儿子的成果。这天，他看见儿子的房门没关，电脑也开着，就想打开看看，结果他却听到儿子在身后吼了一声："谁让你动我的东西？"因为自己理亏，父亲也没说什么，不过，从那以后，小星的房门上就多了一把锁。

案例中，小星为什么不愿意和父母分享自己的个人爱好与努力成果呢？很简单，因为父母曾经否定过自己的爱好。很明显，面对孩子喜欢玩电脑这件事，小星父母的处理方式不恰当，孩子对现代科技的爱好和探索，家长应予以正确的引导和鼓励，不能以一成不变、简单粗暴干涉的方式来约束他。

父母需要在日常生活中培养孩子的自主品质，具体而言，需要做到：

1. 尊重孩子的爱好，鼓励他做自己喜欢的事

孩子喜欢一会儿做做这个，一会儿试试那个，对父母老师不让做的事情更是满怀兴趣。家长便会担心孩子无心学习，或者染上不良的习惯、会接触社会上那些坏孩子等。有时候，父母越是干预，越是阻止，孩子越是义无反顾地去做。其实，父母应该做的，首先就是相信孩子。父母要告诉他：无论你选择什么，爸爸妈妈都相信你，但你也要做出让爸爸妈妈相信你的事情，在保证学习不受影响的情况下，爸爸妈妈允许你做自己喜欢的事。

2. 给孩子表达意愿的机会

相当一部分家长害怕孩子走了错路，习惯于事事为孩子做决定，而少有征求孩子的意见；一旦孩子不遵从，就大加责备。这种做法会扼杀孩子自主思考、选择的能力。家长在任何时候都要让孩子充分表达自己的意愿，给他表达自主思想的机会。

孩子是喜欢探索的，作为父母的我们，要学会引导他们的想法，而不是一味地压制和制订规则，如果你总是告诉他不许做这个，不许碰那个，那么孩子很有可能变成什么都不敢尝试的胆小鬼。

3. 让孩子随时随地自主选择

家长对孩子自主选择的尊重，可以随时随地体现在最简单的日常生活中：

（1）吃得自主。在不影响孩子饮食均衡的情况下，家长可以让孩子自己选择吃什么。例如，在吃饭后水果时，家长不必强迫孩子今天吃苹果，明天吃

香蕉，而可以让孩子自己挑选。

（2）穿得自主。孩子也喜欢好看的衣服，家长带孩子外出玩耍时，在保证安全、健康的前提下，可以让他自己决定穿什么衣服，切忌随自己喜好而不顾他的感受。

（3）玩得自主。不少孩子在玩游戏时，并不想让成人教给他们游戏规则，更愿意自己决定游戏的方式，并体验其中的乐趣。家长可让孩子自己选择玩具和玩法，这样做可以极大满足他的自主意愿，使他成为一个有主见的人。

当然，家长不给孩子制订太多的规则，不代表没有规则。具体事情要具体对待，可根据他出现的问题临时性给他制订规则，但一定要征求他的意见，请他参与到规则制订中来。

学以致用，鼓励孩子多参加社会实践

古人云："读万卷书，行万里路。"学习的最终目的是学以致用，对孩子而言，社会才是人生真正的战场，只有社会才能历练出强者。

然而，很多家长害怕外界社会的因素会影响孩子，使之误入歧途，于是，为孩子包揽一切，在温室中培育花朵。这是一种错误的教育方法，家长应该意识到，孩子不可能总生长在自己的呵护之下，无论温室的花朵多么艳丽，都经不起风雨。现在不让孩子吃苦，将来孩子可能会吃更大的苦；现在让孩子经历一些磨难，将来真正遇到困难的时候他们才能从容应对，才会真正少吃苦。

参加社会实践，对我们的孩子而言，也绝对不是什么形式主义，更不是走过场。他们在活动过程中，会得到许多乐趣，而这种乐趣正是家长平时无法给予孩子的。有家长认为参加社会实践会影响孩子的学习，那只能说明家长把学习的概念理解得太狭隘了。真正的知识是对事物发展规律的正确认识和经验。如果孩子毫无社会经验，那他的所谓知识只能是书本上的"死"知识，而不是生活中真正的知识，这样的孩子也不能自立，更别说提升积极性了。

走向社会是每个孩子必将经历的人生课题，参加社会实践，能让孩子在成长道路上既开拓视野，又增长智慧，最重要的是，能通过亲身感知社会现实状况，从而珍惜现在的生活，逐渐独立，形成良好的品质和人格。

孩子力所能及的社会实践活动是值得倡导的，家长应给予支持，因为孩子还是需要在经风雨、见世面的社会实践中才能茁壮成长。

要想让孩子积极投入到社会实践，并从中有所收获，家长可以尝试在假期给孩子找一份力所能及的实践工作。在工作中，通过扮演不同的角色，可以让孩子亲身体验工作的辛苦，这样不但可以体会到父母的不易，并对父母更加尊敬和爱戴，从而自然而然地产生一种感恩意识，还可以培养孩子勤俭节约的意识，改正乱花钱的坏习惯。从细小的工作中，可以收获很多东西，可以体会到艰苦奋斗的精神，做事认真负责的态度，可以体会到为别人服务的乐趣，更能尊重和珍惜别人为自己所做的工作，还可以激励自己好好学习，争取更大的成功。

实质上，教育的本质就是让孩子通过亲身体验感受到生活的辛苦，进而理解父母抚养自己所付出的艰辛，从而激发他们好好学习的上进心和进取心，增强他们的社会责任意识。社会实践，也是孩子了解社会的一个窗口，在亲身体验中，能够逐渐培养他们适应社会的能力和健康的心态。长大以后，参加社会实践的经历，也会成为他们的一笔宝贵财富。

让孩子自立，应从小事做起，从身边开始。让孩子从小就知道凡事不能眼高手低，从小培养孩子为社会服务的意识，这样孩子熟悉了社会，锻炼了自己，在他幼小的心灵中培育起对社会的责任感，也开阔了眼界，他将学会如何生存，学会如何与人交往，学习那些书本上学不到的知识，这样的孩子才能早日成才。

不必让孩子听话，但要让孩子自己承担后果

一个孩子，他的自立要伴随着各种各样的痛苦，就像婴儿出生一样，不经过痛苦的挣扎，就不能脱离母体成为自己。成长就是一个不断经历挫败、忍受痛苦，面对困难的过程，失败和痛苦是生命的必然。只是有的父母怕孩子承受痛苦，尤其是在遇到一些重大抉择的时候，他们会为孩子决定一切，以过来人的眼光为孩子打理好一切。久而久之，孩子会对父母形成一种依赖，面对选择的时候，就会有一种无助感，发现离开父母什么都不行，丧失信心和勇气，成为父母眼中"听话的好孩子"。

的确，谈及孩子的教育，几乎无不以孩子是否"听话"论成败。"听话"则出息，反之则没出息。的确，一个"听话"的孩子，看起来那么令人满意：他听大人的话，不打架，不爬高，不惹事；他听大人的话，老师说什么就做什么；他听大人的话，从不违背父母的意志。

但试想一下，这样的孩子能真正自立吗？难道一个从小"听话"，从来不需要自己作选择、自己作决定，也就是从来不需要对自己负责，而仅仅负责"听话"、服从就可以的孩子，走出校门，走出家门，能够独当一面，自立门户吗？他能从容地面对今后的各种打击吗？我们发现，那些一贯"听话"的"好孩子"，到了社会上，好像并不出色，甚至还不及那些"不太听话"的孩子。

我们都希望培养出独立、自主的孩子，在父母庇护下长大的孩子充其量也只是父母的孩子，而不是一个真正的独立的人。因此，作为家长，必须接受孩子成长中痛苦的过程，让孩子自己作出选择，承担后果。

很多家长可能都为这种情形而苦恼过：几岁大的孩子不肯喝牛奶，要像大人一样喝可乐等各种饮料。当父母要求他喝牛奶时，他便不顾客人在场，哇哇大哭起来。面对此类麻烦，很多家长可能是这样处理的：

1. 迁就

因为客人在，图省事，迁就了孩子，只要孩子"听话"、不哭不闹，什么都可以答应。

2. 哄骗

"你现在把牛奶喝了，听话！爸爸明天带你去儿童公园。""你现在不哭，爸爸明天……"但家长都是随口说说而已，自己心里并不当真，只求孩子快点"听话"。

3. 回避

"去跟妈妈讲，爸爸这里有客人。乖！听话！""阿姨，你把她带出去一会儿！这小孩，太不懂事！"然后朝客人苦笑、摇头，表示"无可奈何"。

4. 训斥羞辱型

"听话！不许喝（可乐）就是不许喝！不要以为有客人在，我会迁就你！""不许哭，难为情不难为情？当着客人的面！"拿出父母的权威，绝对不迁就。

5. 说理

对孩子说牛奶如何有营养，可乐怎么对小孩健康不利；对孩子说吃饭的时候哭，会如何影响身体健康……

父母的做法还常常没个定数，这次是迁就，下次是训斥，大都要看当时的心情而定。而正是父母变化无常的沟通模式，让孩子学会了变化无常的行为反应。

然而面对此类麻烦，明智的父母可能只有一句语气坚决但态度和蔼的话："喝完了牛奶，可以在我杯里喝一口可乐。"隐含的意思是：你可以不喝牛奶，当然也就没有可乐喝。请记住：语气坚决，是告诉孩子"除此没有商量的余地"；态度和蔼，是父母认为两岁的孩子有这样的行为是正常的，不会认为是"不乖"。孩子若选择喝完自己的牛奶，父母则说话算数，当场兑现，笑眯眯地允许孩子在自己的杯里喝一口可乐。若孩子继续哭泣，明智的父母会同样和蔼但语气严肃地对孩子说："我们在谈话，要哭，你可以到你的房间里去哭；想坐在这里和我们一起说话，就别哭。"孩子明白了父母的坚决态度，往往会选择不哭。

高明的父母既不会严厉批评责骂，也不会讲大道理，而是会很具体地指出孩子可以选择的行为，以及每种行为的结果。在整个过程中，父母与孩子的沟通是具体的、明白的、民主的，不要求孩子"听从什么话"，只是要求他自己做决定。

注重让孩子自己做选择，能帮助孩子树立独立的信心，因为一个人做出什么样的选择，就是在描绘他今后的人生，对孩子的成长至关重要。

许多父母认为，孩子还小，若是由着他们自己选择做决定，还不乱套。而日常生活中不过都是一些琐事，处理得当最好，不当也难免，即使孩子没处理好，也不会造成严重的后果。当小孩子刚开始具有理解能力，就让孩子在可能的范围内自己选择。例如，对一个两岁的小孩，每天早晨，当他起床的时候，让他从T恤衫、裤子、袜子中挑选自己喜欢穿的衣物。父母要相信，孩子通过选择，能养成自理的能力，等他长大，就能从容面对日常生活中许多重要的选择。他们可能会承担负面的后果，但这是孩子成长的必经之路，没有痛苦，就无法成长。

　　当然，让孩子自己作决定，并不是一切由着孩子说了算，也不是父母在任何情况下都不能对孩子有命令性、强制性要求，在一些重大事情上，父母对孩子的强制要求、行为规范是必要的，父母不可放弃作为孩子法定监护人的职责。但父母要把握一个"度"，不可在所有事情上，都要孩子听从父母。

参与家务劳动是孩子未来生活的必要准备

我们都知道，家庭是孩子发育成长的最重要场所。因此，培养孩子的自立能力可以从家庭这块阵地入手，让孩子在学习之余承担一定的家务劳动，从而让孩子明白生活中不仅有享受，还必须负有一定的义务和责任，有助于孩子早日自立。

随着物质生活的丰裕，很多家庭培养出的孩子是"小皇帝""小公主"。以下是几个母亲的描述：

一位母亲说："现在孩子的劳动意识真难培养，我儿子都三年级了，还是衣服脱到哪儿就扔到哪儿，更别说收拾整理了。我们像他这么大的时候都自己洗衣做饭了。"

另一位母亲说："我也觉得对孩子进行家务劳动教育很必要，但现在的孩子功课这么紧张，玩的时间也没有，再让他承担家务劳动确实于心不忍。"

还有一位母亲说："这种事情其实用不着这么着急，等到孩子大起来自然就会。我小时候也什么都不会做，现在生活的担子压在身上，还不是样样都会做。所以有时间还不如让孩子多玩玩，多看点书，多学点东西。"

恐怕这反映了很大一部分家长对孩子是否应该做家务的顾虑，但家务劳动是每个孩子应该接受的劳动教育的一部分，是素质教育中一个极其重要的方面，家务劳动是家长帮孩子树立正确的劳动观念和培养劳动习惯的最佳方式，对孩子将来成为国家合格的建设者，培养高尚的道德情操和意志品质，发展聪明才智及动手能力都有重要的作用。具体而言，家务劳动对培养孩子自立的作用在于：

1. 参与家务劳动能培养孩子自律的意识

有位家长在谈到自己教育儿子的心得时说："出于对自己成长过程的反思，我对儿子从小就比较注重独立能力的培养，要求他自己的事情自己做，按年龄承担相应的家务劳动。从幼儿园大班开始我们就要求他洗自己的碗，现在上学了，除了完成学习任务，家里扫地与倒垃圾两件事也由他承包。当然一开始他并不乐意做这些事的，这时我们就用适当的奖励方法鼓励他坚持，如做一次就可得到一颗五角星，积累一定数目的五角星就可以带他去吃一次肯德基，这样一来，他能不能得到他想要的就完全取决于他自己的行为，这种'他律'促使他一天天坚持并逐渐过渡到'自律'，认为是自己分内的事而自觉地去做，慢慢形成习惯。"

孩子将来立足于社会，就必须具备独立生活的意识和能力，而从小学习做家务，养成一定的劳动习惯，这对他未来的生活是非常重要的准备。

2. 家务劳动是孩子在学校学不到的生活课程

孩子在家里做一些力所能及的家务是理所当然的事，因为家里与学校毕竟是不同的。在家里可以通过做家务培养孩子的自理能力和劳动习惯，这也是一种生活的知识，这些知识是在学校里不能学到，而对一个人的成长非常重要的。

3. 劳动习惯的养成有助于提高孩子的学习效率

很多孩子，一到上学的时间，问题就来了：做事拖拉，不会整理书包，这些都影响学习效率。家长不妨从整理物品入手抓孩子的劳动教育。你可以先带他看乱糟糟的房间，让他考虑该从哪儿开始收拾，同时制订一定的规则，如每天整理书包，每周六收拾房间，换下的衣服放在固定的地方等，并督促他做到。将书包内各种学习用品放置整齐有序，做完作业随即收拾。原来边写作业边找东西的毛病改正了，专心致志学习，效率当然高了。

其实，也有很多家长意识到孩子应该参与家务劳动。但为什么孩子们的客观表现又总是令人不怎么乐观呢？原因有三：

一是在孩子小时候对劳动表现出兴趣，喜欢模仿大人的举动时，家长没有引起足够的重视并给予及时的引导，反而嫌孩子碍手碍脚，久而久之削弱了孩子的劳动热情；

二是不信任孩子的能力或怕麻烦，而在无形中剥夺了孩子的练习机会；

三是小时候没有养成一定的习惯，上学后又以学习为重，在时间上很难保证这种教育的进行和习惯的坚持。

因此，家长在引导孩子参加家务劳动时，必须从小引导，养成习惯。

有一个11岁的小男孩，负责给家里倒垃圾已经6年了。在他5岁时，突然对倒垃圾产生了兴趣，一听到收垃圾的铃声，就提着垃圾桶去倒。他的父母为了保持他参加家务劳动的兴趣，培养他倒垃圾的责任感，对他倒垃圾的事予以表扬，说他能干、勤快，还经常当着外人面称赞他。这样，激发了孩子主动倒垃圾的自豪感，慢慢地形成了习惯，把这项劳动看成一种责任。

俗话说，播种行为，收获习惯。所有的习惯都从最初的行为开始，我们对孩子的家务劳动教育也要遵循这个规律。家长可以从以下几个方面着手：

（1）珍惜孩子最初的劳动欲望，放手让孩子去模仿去实践，提供参与练习的机会。

（2）尽可能以游戏方式加以引导，使劳动成为孩子的快乐体验，这对年龄较小的孩子尤其重要。

（3）手把手地教给孩子一些劳动的技能，光要求孩子做而不告诉他怎样做常常是无效的。

（4）合理安排家务劳动的时间，处理好学习、玩与劳动的关系。

对孩子而言，劳动过程就是一种娱乐、一种游戏，如果把纯粹义务性、没有任何趣味的劳动安排给孩子，反而会引起孩子的反感而不利于劳动兴趣的培养。家长应该从孩子的兴趣入手进行引导，在劳动过程中融入游戏性，满足他们的童心与好奇，鼓励他们参与劳动，同时提出一定的要求，慢慢养成良好的劳动习惯和能力。

让孩子积极地参与到家庭生活的方方面面，让孩子感觉到他不是家里的客人而是主人。当孩子体会到他在整个家庭里并不是可有可无的，他确实是被整个家庭所需要的时候，他对家庭的责任感也会油然而生，更主要的是，这有利于孩子尽快自立。

杜绝溺爱，磨砺、锻炼才能培养出积极主动的孩子

家庭教育中，不少父母感叹：现在的孩子怎么越来越娇惯了？怎么越来越懒了？其实，孩子积极性差，很大程度上与父母的教育方法有关。看历史，我们不难发现，不经历成长的艰辛、不明白何谓"贫穷"，在蜜罐里长大的孩子缺点多，如自私、虚荣、嫉妒、盲目、软弱等，这些缺点让孩子在面对社会的残酷竞争时，在理想与现实之间，在诱惑与机遇之间，很容易因一个不小心，失掉了平衡。

我们知道，历史上有个"扶不起的阿斗"，落下了"乐不思蜀"的笑柄。其实，他的昏庸无能很大一部分原因是缺乏锻炼的机会。

刘备去世后，由儿子刘禅继位，刘禅的小名叫阿斗，是个愚笨无能的人。一开始，由于有诸葛亮等有才能人的辅佐，所以还没有什么大问题。后来，这些贤人先后去世，蜀国也就很快地被魏国灭了，刘禅投降被俘。

邓艾灭了蜀汉以后，后主刘禅还留在成都。司马昭觉得让刘禅留在成都总不大妥当，就派他的心腹贾充把刘禅接到洛阳。

刘禅到了洛阳，司马昭以魏元帝的名义，封他为安乐公，还给他的子孙和原来蜀汉的大臣五十多人封了侯。司马昭这样做，无非是为了笼络人心，稳住对蜀汉地区的统治。但在刘禅看来，却是很大的恩典了。

有一次，司马昭大摆酒宴，请刘禅和原来蜀汉的大臣参加。宴会中间，还特地叫了一班歌女演出蜀地的歌舞。一些蜀汉的大臣看了这些歌舞，想起了亡国的痛苦，伤心得差点儿掉下眼泪。只有刘禅咧开嘴看得挺起劲，就像在他自己的宫里一样。

司马昭观察了他的神情，宴会后，对贾充说："刘禅这个人没有心肝到了这步田地，即使诸葛亮活到现在，恐怕也没法使蜀汉维持下去，何况是姜维呢！"过几天，司马昭在接见刘禅的时候，问刘禅："您还想念蜀地吗？"

刘禅乐呵呵地回答说："这儿挺快活，我不想念蜀地。"

刘禅懦弱无能的弱点其实和诸葛亮有很大的关系。刘备在世时，诸葛亮便拥有一切大权，丝毫没有给刘禅锻炼的机会；刘备死时，刘禅十七岁，正是长见识增才智的时候，而诸葛亮却包揽一切，刘禅仍然是"温室中的花朵"，诸葛亮一死，刘禅便六神无主了。

同样，我们要想培养出自觉、主动的孩子，就要对他们进行意志、品质的磨砺和锻炼。我们发现，那些功成名就的伟大人士，无不饱经生活的苦难和精神的洗礼，才获得了意志和能力上的升华；而那些衣食无忧、受到百般呵护的孩子或多或少都有些性格、品行甚至价值观上的缺陷。

其实，孩子的成长过程，就是他个人克服自身性格缺陷的过程，他身上的这些由优越的成长环境带来的弱点，可能影响着他未来的婚姻、家庭等生活状况，同时也影响着他的人际交往、职业升迁、事业发展……

作为父母，应该怎样防微杜渐，给孩子创造一个"吃苦"的环境，让其摆脱自身的那些弱点呢？首先要避免那些加剧孩子软弱性的做法。

教育专家对造成孩子性格软弱的因素进行分析总结，主要有以下几个方面：

1. 过分的关怀造成孩子的软弱

家长送孩子到校时的那种恋恋不舍、反复叮咛和犹豫不定的言行，使孩子知道了"爸妈舍不得离去"，便产生了依恋心理，亦不舍得妈妈离去，时间长了，孩子的软弱性格慢慢形成。

2. 不适当的表扬造成孩子的软弱

表扬是对行为的鼓励和肯定，它起到心理强化的作用，不适当的表扬使孩子的行为向不良方向发展，久而久之，使之定型，甚至影响终身。

3. 不适当暗示、恐吓造成孩子的软弱

孩子在雷电交加的晚上，正安静地睡在自己的床上，妈妈惊慌地把孩子抱在怀里，孩子从妈妈惊慌的动作中学会了害怕雷电。还有一些母亲在孩子哭闹时，哄骗说："再哭，大灰狼就来了。"久而久之，孩子甚至不敢一个人在房间睡觉。

那么，如何使软弱的孩子变得坚强，有勇气呢？有专家建议：

第一，要支持软弱的孩子大胆地做事情。

（1）家长对孩子的保护应随着孩子年龄的增长越来越少，由原来的搀着走，变为半扶半放，最终使孩子能够大胆地行走。

（2）要培养孩子单独生活、适应社会的能力，这种培养要随着孩子的成长越来越多。

第二，鼓励孩子大胆说话。在孩子面前家长少讲一些"你必须这样做"或"你必须那样做"等严重打消孩子积极性的话语，多讲一些"你看怎样办""你的想法是什么"等积极性高的话语。给孩子一个独立思考并发表自己意见的机会。

作为父母，不能给孩子过于优越的生活环境，要明白什么是真正地爱孩子，让他吃点苦，他才会从真实不虚的生活中懂得生命的意义。

第8章

调整学习心态：
爱上学习才能自觉学习

可能很多家长都遇到过这样的困惑：为什么我的孩子在学习上总是提不起兴趣呢？为什么孩子学习总要家长催促呢？为什么我的孩子开始厌学甚至逃学呢？以上这些表现都可以总结为孩子缺乏学习的积极性。其原因有很多，如孩子缺乏学习动机、学习压力大、父母期望太高而孩子达不到、在学校人际关系紧张等。作为父母，我们一定要找到原因，并帮助孩子平衡自己的心态，稳定情绪，引导其爱上学习并提升学习的积极性。

缺乏学习兴趣引发孩子学习怠惰

当今社会，只有努力学习，才会具备竞争力，我们的孩子也是。知识是衡量一个人素质和修养的重要标准，而学习的动力是孩子学好知识的源泉，可以说，这种动力在很大程度上应理解为学习兴趣。其实，孩子天生是好学的，他们两三岁时总是对外界事物充满好奇，只是很多父母在教育孩子的过程中出现了一些认识上的误区，他们认为给孩子创造足够的物质条件，孩子就能学好，而忽视了培养孩子的学习兴趣。事实上，孩子也正是因为学习兴趣的缺乏而导致了学习怠惰乃至厌学情绪的产生。

其实，不少孩子天生有探求知识的欲望，也不需要父母过多担心。但实际上，现代社会家庭中出现的各种不利于孩子学习的因素，造成孩子内在的学习兴趣逐渐流失，导致了孩子学习怠惰。我们不妨看看有些家长是怎么做的：

当孩子向父母提问时，一些父母会把所知的全部告诉孩子，但这样做会令孩子无法体验自己寻找答案的乐趣，因而扼杀了他们的内在学习动机。同时也会让他们养成依赖及易放弃的习惯，从而失去自学能力。

当孩子要求父母帮忙完成某些科目作业练习，如搜集或整理资料时，不少家长都会帮忙，甚至会视为"家长作业"，尽心尽力地完成。然而，孩子因此而失去了一次难得的通过作业学习沟通及资料处理等技能的机会。

当孩子被同龄人欺负时，相信很多父母的做法是替孩子出头，生怕自己的宝贝儿子或女儿受到伤害,其实这样做是不对的,这会让孩子变得更加依赖父母。这种事件本是一次学习的过程,它可以培养孩子解决问题、保护自己及与人相处等能力。家长不妨按孩子的心智成熟程度,与他们共同讨论应如何面对这种处境。我们要耐心地聆听他们的感受及想法,并鼓励他们从不同角度思考解决方案。

俗话说得好,"天生我材必有用",培养孩子学习的兴趣,让兴趣这个老师督促孩子学习,孩子必能发挥最大的潜能学习并有所建树。而身为父母,应该顺应孩子成长的规律,不但不应该压抑孩子的好奇心、禁止孩子发问,反而要鼓励他们,因为长大后,他不一定想知道那么多了。父母也应该多带孩子见世面,让他们多接触新事物。

每一个父母都希望自己的孩子能既轻松愉快地学习,又能取得好成绩。学习兴趣是推动孩子学习的一种最实际的动力,它能够促使孩子自觉地学习。一般而言,孩子的学习兴趣与他们的学习成绩、学习信心是相辅相成的。他对哪门功课有兴趣,哪门成绩就会好,学习信心就会足。因此,父母对孩子学习兴趣的培养很重要。那么,父母如何培养孩子学习的兴趣呢?

1. 尊重孩子的兴趣

很多父母认为,教育孩子,就应该让孩子成为一个全能型人才,于是从孩子一入学开始,就千方百计想孩子学得好,懂得多,所以把孩子的双休日、节假日都安排得满满的。事实上,孩子多学点东西没坏处,家长这个出发点也是好的,但家长有没有考虑过自己的孩子是否喜欢学呢?作为父母的责任,并不在于强迫孩子学这一样、不学那一样,而应该多给孩子一些自由宽松的空间,让他们自己选择感兴趣的、喜欢的事。例如,有些孩子并不喜欢弹钢琴,而喜欢动手操作,搞一些小制作,而家长就认为这不应该是孩子的兴趣所在,加以阻止,其实,这也是学习的过程,在这样的活动中,不仅能使孩子的思维能力得到发展,还能提高他们的动手操作能力。

家长不但不应该阻止他们做，还要根据孩子的兴趣特点，为他们提供有关的书籍，创造机会让孩子参加一些有益的活动和比赛。许多事实证明，小时候培养的兴趣往往为一生的事业奠定了基础。有些父母对孩子寄托了很大的希望，但他们往往按照自己的主观意志"规定"孩子的兴趣，而不是顺应发展规律培养孩子，这样往往会延误孩子的发展，因为同样一套教育方式并不是适用于每个孩子。

2. 注意把孩子原有的兴趣与知识学习联系起来

学生的天职就是学习，家长应该注意把孩子原有的兴趣与知识学习联系起来，将兴趣引导到学习上，以培养和激发孩子新的兴趣。

3. 了解孩子的学习能力

父母千万不能依照自己的理想模式教育孩子，每个孩子都有自己的特点，目标的制订还要因人而异，即使制订训练目标后也应不断调整，使之始终处于理想的模式。

4. 要让孩子有危机感，要给他适当的压力

父母不可能永远庇佑孩子，也不能呵护孩子一辈子，这是一个不可回避的问题。因此，孩子必须努力学习，这种压力也能转化为学习动力，但学习动力的形成，最好不是灌输，要形成自觉。家长要引导孩子。要让孩子对自己成长生活的小环境和大环境有正确清晰的认知，有危机感。关于大环境，大家的一句口头禅就是"现在是竞争社会"。要让孩子明白，这个激烈竞争的大环境，是应当热烈响应，并积极参与其中的——要让孩子真心向往竞争。

但要提醒的是，这危机感要适度，让孩子有一定的安全感，有护佑。这护佑当然不是父母的权势和金钱，不是父母的代替，而是父母与他一起努力，一起奔跑前进。

正确的教育造就成功的孩子，父母望子成龙、望女成凤的愿望是可以实现的，而培养孩子的学习兴趣，可以让孩子快速提高成绩，也可以减轻父母的负担和压力。具备实力的孩子定能在未来竞争激烈的大环境下出类拔萃。

效率低的孩子，学习缺乏积极性

学校每个月的家长会又到了，这次家长会的主题是"如何帮助孩子高效地学习"，家长会的目的也就是众多的家长一起交流心得，互换教育的意见，为孩子找出更好的学习方法。在这一点上，周太太似乎很有经验。

"周玲玲是怎么学习的呀？"很多家长凑在一起讨论。

"听说，你们家周玲玲并不是每天晚上做题到深夜，我每天让我们家王刚做好多习题，可是学习成绩就是不见提高啊，这是怎么回事呢？"

"是啊，我看我们家儿子也是，每天回来忙忙碌碌的，有时候，饭都顾不上吃，努力学习，可学习成绩还是处在中等水平。"

"是啊，孩子总是学不好，学习兴趣就差，我家儿子经常说自己不想上学了，这可怎么办？"

可能很多家长会发现，你的孩子很懂事，即使你不叮嘱，他也认识到了学习的重要性，他也想成为一个学习成绩好的孩子，希望可以走在队伍前列。但事实上，他似乎总是力不从心，感觉时间不够用，学习效率也很低，久而久之，孩子就产生了厌学情绪。对此，不少家长感叹这可如何是好。

其实，孩子只是缺少属于自己的学习方法。帮助孩子掌握好的学习方法，就等于为孩子找到了促进学习进步的金钥匙。

每个孩子都很聪明，只是学习方法和学习习惯不同而已。每个孩子都有属于自己的学习方法和学习习惯，有的学习很轻松，学习习惯也好，这无外乎课堂认真听讲，基础知识掌握得好，灵活运用能力强；而有的孩子学习死板，学得很累，课后用10倍时间学习，效果也不好，这就要改进学习方法。

当然，孩子的学习方法应该由孩子自己寻找，父母只需从旁协助就好。

那么，作为父母，怎样协助孩子找到属于他自己的个性学习方法呢？

1. 认识到孩子的特殊性，尊重孩子的学习兴趣

适合孩子的学习方法一定要建立在孩子的学习兴趣上。生活中，当孩子没有达到家长预期的目标时，家长就觉得孩子出了太多的问题，父母愤怒了，或是责骂孩子，或是语重心长地"数落"孩子。孩子沉默了，孩子愧疚了，孩子自卑了……很多时候，孩子就是在这样看不见的教育"暴力"中失去了成长的快乐和发展的潜能。即使父母为孩子打造的学习方法再完美，也不一定适合孩子，因为他对这个方法根本不感兴趣。

家长要重视孩子的个体差异，充分考虑孩子的优势智能，注重孩子兴趣和个性的培养，帮助孩子找到属于自己的"钥匙"。

2. 根据孩子的生活习惯和时间安排学习

每个人的机体存在差异，这是毋庸置疑的，他们的生活习惯有所不同，如有些孩子喜欢在晚饭前学习，而有些孩子在睡前的某段时间能发挥记忆的最好效果。对此，父母都要留意，只有帮助孩子找到他自己的学习规律，他才能以最快的速度进入学习状态，提高学习效率。

3. 适当监督和引导，让孩子尽快进入学习状态

如何让孩子尽快进入学习状态，是广大家长关心的问题之一。拥有九年个性化教育研究经验的教学专家认为：家长个性化的监督和引导是孩子安心学

习的关键。在此，他教给家长们几个帮助孩子收心的小窍门：家长不要给孩子过多压力，要鼓励孩子适当地看书，或者陪孩子适当做一些体育锻炼，让孩子心态平和下来。家长可以帮助孩子制订一个切合实际的学习计划，定期了解孩子的学习表现，多给孩子鼓励和建议，使孩子保持积极的心态。

4.训练孩子解决问题的能力

拥有解决问题的能力才是制胜的法宝。父母在帮助孩子找适合的学习方法时，这一点乃重中之重，要训练孩子这一能力，就要着重培养孩子自主学习和正确的思维方式，长期坚持，孩子的成绩及综合素质将能够稳步持续地提升。

总之，帮助孩子找学习方法，需要依据孩子的习惯、兴趣、时间安排、生理状态等。因此，家长要想帮孩子提升学习效率，就要全面了解孩子，再作出具体的计划安排。学习方法只有适合孩子才是最好的。

适度期望，别过分看重孩子的成绩

在科学技术飞速发展、人类精神文明不断升华、物质文明日益丰富的今天，我们的孩子都要参与未来社会的竞争，于是，很多父母将大量心血倾注在孩子身上。为了让孩子拥有一个美好未来，他们殚精竭虑，绞尽脑汁，"恨不能将一腔热血，化作浇灌幼苗的春雨"，可悲的是，他们将孩子成才的标准系在了分数上。的确，做父母的都希望自己的孩子考满分，这是无可厚非的，这也是父母努力培养孩子的一个目标。但是，如果不能很好地把握这个度，很可能走向极端，使分数成为孩子成长的枷锁，让孩子产生厌学情绪。

父母关心孩子的学习情况是应该的，但是有的父母把学习成绩看得太重，逼着孩子争高分，殊不知，这样会带来许多不良的后果，对孩子潜能的发挥也有一定的限制作用。

当然，我们并不一概反对看重分数，因为分数在一定意义上也能反映出孩子掌握知识的程度，反映出孩子运用知识解决问题的能力，但是考试分数高并不表示将来走上社会也一定会成才，而考试成绩不好更不表明这个孩子将来一事无成。

家长教育孩子，不能忽略了孩子的全面发展。相比成绩，孩子的品德修养、性情习惯及解决问题的能力更加重要，会影响孩子的一生。未来的社会越来越需要有能力的人才，父母一定要注重培养孩子各方面的能力。

一位家长说:"女儿刚上小学一年级,第一学期期中考试,考了个双百,我们都很开心,女儿更是兴奋不已。第一学期期末考试又是双百,自然又是一番庆祝。我感觉太过顺利不一定是好事,但当时也没有太在意这些。一年级下学期,平时测验出成绩后,只要是满分,女儿就神采飞扬地和我们谈论;只要不是满分,女儿就像犯了很大错误似的,头低得很低,甚至不敢和我们交流。我逐渐意识到存在的问题了,我告诉女儿,不要在意这些分数,无论是平时的测验,还是期中、期末的考试,只是对你这一段时间的学习的检查,看看哪些知识真正掌握了,哪些知识还没有吃透,我们将没有吃透的部分进行复习,争取掌握就行了。考满分固然欢喜,考不到满分,爸爸妈妈也不会批评你的,不要有太多的想法和压力,快乐学习最重要。即使考得不满意,只要知道为什么,再去总结,继续进步,就行了,你还是最棒的。通过一系列的开导,女儿终于学会轻松学习,轻松考试了。"

这位家长的做法是正确的,只有不带过分的功利性,孩子才能轻松地学习,他的潜能也才能得到发挥。那么,家长到底应该怎样对待孩子的学习成绩呢?

1. 不盯分数,看学习效果

作为父母,在督促孩子学习的时候,不要只盯着孩子的考试分数,更应该看孩子实际的学习效果。不能仅以分数作为评价孩子学业水平的唯一标准,要以一种平和的心态对待孩子的考试成绩,孩子考好了,不妨进行精神鼓励;如果孩子考试成绩不理想,要帮助孩子认真分析,找出失误的原因,并鼓励孩子继续努力,这样孩子才会情绪稳定,自信心增强,身心各方面才会健康发展。

2. 承认孩子存在差异

孩子在学习能力和方法及智力上都是有差异的。其实，很多孩子明白学习的重要性和竞争的压力，但由于智力因素和非智力因素，每个孩子学习成绩总会有差异。父母要做的是认真了解情况，听听孩子的解释，不能武断地得出孩子学习不努力、不用功的结论。要以尊重平等的态度和孩子一起分析、解决学习中遇到的问题，帮助孩子掌握适合的、有效的学习方法，制订适当的目标。

3. 孩子成绩不好时给予宽容和鼓励

父母永远是孩子受伤时停靠的心灵港湾。孩子考试失利时，他已经非常难过了，这时候，父母更不要刺激孩子，而要拿出自己的宽容和安慰，一定不要在孩子的伤口上再撒把盐。同时不忘对孩子说"下次努力"，使孩子把目光转向下一次机会。

作为父母，鼓励与帮助孩子提高学习成绩，本来是无可厚非的，但不可过分看重成绩，要重视孩子的全面素质的发展，以利于孩子全面成长。父母应通过对孩子的教育，发掘孩子蕴藏的潜能。从未来社会对人才的要求看，真正能在社会上获得很好发展机会的人才，都是具备很好的创新能力的人，也是全面发展的人，因此，父母不要为了追求短期的成绩，让孩子有太大的压力，那样，总有一天孩子会被压垮的。让孩子快乐地学习和成长，这才是父母应该做的。

孩子处理不好人际关系，不愿意上学怎么办

这天，一个十岁的小女孩在母亲的带领下，来到了心理咨询室，微笑中又有几分忧虑："老师，怎样才能让同学们都喜欢我呢？"

老师笑了："你能把这个问题讲得具体一点吗？比如，你碰到了什么具体的难题，有什么具体的故事？"

"是这样，我是个挺在乎同学关系的人，我也在往这方面努力。但是，我感到同学们并不是都很喜欢我。可是，我们班上的另一个女孩却非常有人缘，她不当班干部，同学们喜欢她；她当班干部，同学们也喜欢她。您说，这是怎么回事？现在，因为他们不喜欢我，我连学都不想上了。"

"你能仔细想想那个同学们喜欢的女孩有哪些表现吗？想起什么说什么。"

女孩沉思片刻说道："她喜欢帮助人。同学们谁有困难都愿意找她，只要是她能做的，她总是尽力帮助。她也常常主动帮助同学。她还总是微笑，她也不喜欢炫耀自己，她很少和同学闹矛盾，她还很善于说话。学习也很努力……"

"你能发现这些很好，这说明你完全明白人际交往中哪些是好的做法，也非常善于发现别人的优点。你不必非要大家都喜欢你。世上哪有让所有的人都喜欢的人？你今天专门来讨论这个问题，说明你将会更好地进行人际交往，

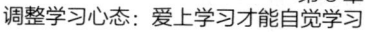

将会如那个女孩一样让大家喜欢。"

很明显，女孩之所以有"不想上学"的想法，是因为她在学校的人际关系不是很好，而这也是很多孩子产生厌学情绪的原因。孩子从家庭来到学校，有了新的环境，他们都希望自己可以交到更多的朋友，可是在处理和同学之间关系的时候，因为人生阅历的不足，难免会有一些失误。对这一原因造成的厌学，父母可以这样进行引导：

1. 让孩子懂得反省自己

你要告诉孩子一个道理，如果他的朋友中，个别人对他有意见，可能是对方的问题，但如果他被大家孤立或者被众人排挤的话，就得反省一下自己，看看是自己哪里做得不对，如是不是太以自我为中心了——也许他凡事很少为别人着想，自己想怎样就怎样，或对朋友不怎么关心。

2. 让孩子懂得控制自己的情绪

"血气方刚"是年轻人的专利，情绪失控时会造成很多悲剧。父母要帮助孩子学会控制自己的情绪和脾气，要告诉孩子："当你被激怒时，或者当你觉得自己血往上涌，只想拍桌子的时候，千万要转移注意力，或者数数，或者离开那个环境，当你学会控制情绪时，你就长大了。"

3. 告诉孩子要大度、宽容

我们要让孩子明白，朋友之间难免个性不同，生活习惯不同，要学会彼此尊重和包容。人都是重情谊的，你帮他，他也会帮你，互相帮助中，友谊更加深厚。在深厚友谊的基础上，彼此给对方提一些意见是很容易接受的。不是什么原则上的大错误，不要斤斤计较，多包容。

4. 帮助孩子正确看待每个人的长处和不足

金无足赤，人无完人。我们可以告诉孩子："如果你发现你的朋友在外面彬彬有礼而跟你在一起有点粗鲁，可能正说明他真的把你当朋友。不能因为一个人有某种不足就讨厌他，只要这个缺点不是品质上的，不是道德问题，就不要太较真。大家能够走到一起，本身就是一种缘。"

5. 让孩子多关心别人和帮助别人

我们要告诉孩子，经常帮助别人的人自己也会得到别人的帮助。例如，同学肚子疼了，可以给她灌一个热水袋，倒点热水；同学哭了，送她一块纸巾，拍拍她的肩膀，不用说话就能把关心传递过去。这都会让孩子和同学们的感情升温。

总之，我们教育孩子，最重要的目的之一就是培养孩子的情商。随着年龄的增长，孩子的人际交往范围逐步扩大。人际关系中的矛盾，会使他们产生困惑和误解，或冷漠等消极心理，导致他们产生认识偏差、情绪波动，并可能产生适应问题或做出不理智的行为反应。因此，当孩子与人发生矛盾时，家长要加强教育，指导孩子学会处理各种人际关系中的矛盾，我们要帮助他在那种被排斥的感觉中逐渐成长，因为每一个人独特的与别人相处的方式，都是要经过一番努力才能获得的。当孩子开始有了一定的独立能力后，有了与人交往的能力后，就要让他和同学、朋友一起玩，逐步提高谦让、忍耐、协作的能力，否则孩子总和家人相处在一起，备受宠爱，培养不了这方面的能力，以后进入社会就不能很好地和同事相处。而教会孩子融洽地与人相处，你的孩子就可以更好地发展健康、互利的人际关系，从而收获成功与快乐。

正确的学习动机，是孩子积极主动学习的前提

身为父母，可能我们都希望自己的孩子热爱学习，有强烈的学习兴趣，因为兴趣是最好的老师，有兴趣才能学得好。然而，怎样才能让孩子产生学习兴趣呢？很简单，那就是让孩子找到学习动机。事实上，很多时候，孩子之所以厌学，就是因为他们没有明确到底是在为谁学习。

我们只有让孩子明白他在为谁而读书，为什么而读书，他才会有一种向前的驱动力，他才会觉得学习是一种乐趣，也就能克服学习中产生的各种困难，学习积极性提高了，学习效率也就提高了。

我们先来看一个小学生的日记：

从小就是妈妈管我学习，所以我一直认为学习就是为了妈妈。记得有一次，妈妈对我说做完20道题就可以出去玩，说完妈妈就去厨房帮爸爸准备晚饭了，留下我一个人对付那20道题。好像都是数学应用题，反正挺多的，大概有三四页。我一看这么多，啥时候才能做完出去玩啊？等到做完了天不都黑了吗？于是我灵机一动，计上心来，我先做了前面五道题，正好赶上翻到下一页，我就空着中间的一页，再把最后的五道题也做了，合上本子，跑到厨房，跟妈妈说："妈妈我做完了，我出去玩啦！"妈妈一听挺高兴，说："这么快，那好，去玩吧！"

感觉就玩了一小会儿，天就要黑了。我很不情愿地跟我的朋友告别，说好明天还一起玩，就回家了。

一到家，我就觉得什么地方不对，只见妈妈沉着脸叫我进屋，问我："题都做完了吗？"我心虚地说："做完了。"妈妈生气了，问："真的吗？"我不敢说话，闷闷地站着。妈妈更生气了，说："你为什么要撒谎？你以为你学习是为了谁？"我还是不说话。只见妈妈一下子冲到桌子面前，"呼啦"一下把我桌子上的笔、本子和书全都扫到地上，气呼呼地转身走了。

我吓坏了，平时妈妈尽管对我比较严厉，但是从来没有发过这么大的火。我一个人呆呆地站在那里，不敢动也不敢说话，心想：要是以后妈妈再也不管我学习了可怎么办？屋子里渐渐暗下来，妈妈没有来，到了吃饭的时间，她也没有来叫我去吃饭。

就这样不知道过了多久，我收拾好散落一地的书、本子和笔，鼓足勇气走到妈妈面前，对妈妈说："妈妈，我错了，我不该骗您，以后我不这样了。"妈妈总算原谅了我。

虽然那次妈妈没有打我，但是真的把我吓坏了，而且从那以后，我再也没有骗过妈妈。但是，学习究竟是为了谁呢？

想必很多孩子都和写下这篇日记的男孩一样，他们对自己的人生感到迷茫，不明白自己在为谁读书，为谁学习，更多的则认为是为父母学习，为了给父母争面子，而这种学习态度直接导致了他们对待学习和生活没有热情，对什么都没有兴趣，觉得整个世界都是没有意义的，精神状态看起来也无精打采的。

为此，任何一对父母，都有必要引导孩子明白他们学习到底是为了什么，具体而言，你可以从几个步骤入手：

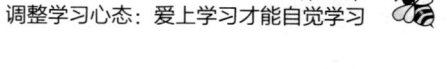

（1）问孩子：你为谁学习？你的提问会引起他的思考，他也会问自己：我在为谁学习？我学习的目的是什么？如果他找不到答案，就会困惑，就会寻求父母的帮助。

（2）告诉孩子：知识改变命运。你要让孩子明白，读书是为了自己，为了获取知识，是为了让自己未来的人生路走得更平坦。

（3）以切身体会和经验告诉孩子学习的重要性。你要告诉孩子，在这样一个竞争十分激烈的社会中，没有知识，就等于没有生存的本领，每个人都在用知识为自己的未来打拼。寒窗苦读的过程的确很辛苦，但这是一个人立于世的必经过程。

可见，如果孩子认为学习、读书是为了父母的面子、老师的名声，那么，他会觉得读书、学习是一种负担，没有了学习动力，又怎能学得好呢？

如果我们能让他们明白读书的真正目的是获取知识和改变命运，那么在这样的心态下，即便他们遇到了很大的压力，也不会抱怨父母，也能尽快调整自己的心态。他们也会明白，有时候父母逼他们学习，剥夺他们玩耍的时间，这完全是为了他们着想。最终，他们也会产生源源不断的学习动力。

肯定孩子的兴趣，引导孩子产生明确的学习目的

对于学龄孩子，尤其是高年级孩子而言，他们正经历着生理与心理上的急剧变化，加之每天周而复始的学习生活，很容易产生心理上的"变异"。一般表现在三个方面：

第一，不认真上课，注意力不集中，思维涣散，或者打瞌睡，或者做小动作，严重的还会干扰其他同学听课。

第二，课下不愿意自主学习或者根本不学习，对老师布置的作业或者练习，也是草草了事或者根本不予理睬。对考试、测验无所谓，只勾几道选择题应付了事，既不管耕耘，也不管收获。

第三，逃学，这是厌学的最突出表现，也是最严重的表现。这些学生总是找理由旷课，外出闲逛、玩游戏等。严重者，甚至陷入少年犯罪的泥潭。

这些孩子无法坚持学习，主要是因为不能明确学习的目的。毕竟，任何人做任何事，都是有目的的，如果孩子没有学习目的，也就没有了学习的动力。一般来说，孩子除了学习外，都有自己的兴趣和爱好，作为家长，如果能正视孩子的这些兴趣并加以鼓励，利用这些兴趣引导孩子明确学习的目的，那么孩子就可能热衷于学习了。

对此，教育心理学家建议我们这样做：

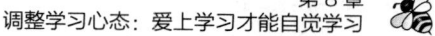

1. 挖掘孩子的兴趣

可能很多家长认为，孩子好像除了厌恶学习以外，对什么都感兴趣，其实，这是一个普遍现象。曾经有一个调查发现：一方面，50个孩子中只有4个对学习没有厌烦情绪；另一方面，孩子的兴趣丰富多彩。另一个调查的结果显示，如果可以不按学校的课表上课，请孩子们自己给自己开一个课程表，结果是很出人意料的：

（1）第一节课是音乐，第二节是电影，第三节是美术，第四节是体育。

（2）全天的物理、化学。

（3）第一节课是自习，第二节课是体育，第三节课是英语，第四节课是班会……

从这一调查中，可以发现，孩子们对那些文化知识，似乎都存在一定程度的厌烦情绪，为此，父母要在日常生活中多观察、发现孩子感兴趣的事物，从而引导其确定学习目的。在培养孩子的兴趣时，要给孩子一个机会，让他自己品味，真正找到一种成就感，他就会产生兴致了。

2. 孩子的兴趣和学习联系起来，让孩子产生明确的学习目的

例如，家长可以这样问："你为什么对电脑游戏这么感兴趣呢？"

"因为我想当个游戏的开发人员啊！"

"真没想到你有这样大的抱负，但游戏开发不是一项简单的工作，一般人是从事不了这个工作的。"

"爸爸，您觉得怎样才能做这个工作呢？"

"只有进入高等学府去深造，掌握大量的科学知识，在前人技术的基础上有所创新。"

当孩子听完这些后，就会有一种想法：我必须考上大学，在这个领域深造，才能进入这一行业。这样，孩子就会真正明白：他应该去好好学习了。

而在这一过程中,整个交谈氛围是很和谐的,也使亲子之间的感情在一点点升温,孩子对父母既感激又崇拜。

3. 培养孩子坚持不懈、独立进取的个性

孩子的学习目的与个性是密不可分的,个性是独立进取还是被动退缩与动机水平关系密切。如果你的孩子不思进取,缺乏上进心,那么也就很难树立一个明确的学习目的。如果孩子懂得学习的重要性,懂得积极进取,那么家长在帮助其明确学习目的时就会省心很多。

当父母肯定了孩子的兴趣,引导孩子产生了明确的学习目的后,就可以经常给孩子敲个警钟:"你要想成为游戏开发人员的话,就不能这么浪费时间了哦!"在父母的督促下,孩子会逐渐养成坚持不懈的个性,在学习时也会更有动力。

第 9 章

给予爱的滋养：
让孩子积极主动、向上成长

我们的孩子在成长的过程中，会遇到这样或那样的烦恼，孩子毕竟还小，很容易出现消极悲观的情绪。因此，他需要父母的引导和呵护，我们只有给孩子足够的爱，他才会理解爱的内涵，才会懂得感恩，才会积极健康、乐观向上地成长，这不正是父母所希望的吗？做孩子坚强的精神后盾，他的成长才有保障。

培养孩子成为一个贴心、善解人意的人

一位四年级的语文老师在给学生批改作文的时候，读到这样一篇文章："敬爱的王老师，希望您不要总是叫我妈妈来学校了，说句心里话，妈妈为此付出了太多太多的心血。妈妈天天有洗不完的衣服，中午哥哥回来前妈妈要把饭做好，哥哥一回来吃完饭就要走……我保证，我再也不调皮了……"

语文老师读到这里的时候，流下了心酸的泪水，孩子终于能理解家长的苦心了，原来，事情的经过是这样的：这位同学的名字叫王兴，是学校四年级一班的学生，调皮捣蛋，成绩在班上是倒数。那次，在学校又打了几个同学，作为班主任的语文老师再次把孩子的妈妈请到了学校，王兴看在眼里疼在心上。为此，他偷偷给班主任王老师写了一封信，请求老师不要再把妈妈叫到学校……

从此，王兴好像换了一个人，他开始认真学习，开始想对妈妈好，开始感恩老师……

看完这则案例，相信不少父母都会感叹，如果我的孩子也懂得感恩，懂得理解别人就好了。

不得不说，现实生活中，不少孩子与周围的一些人发生矛盾，都是因为不懂得换位思考导致的，每个孩子在成长的过程中，独立意识都在不断

增强，我们若希望孩子成为一个贴心、善解人意的人，就要在这个阶段引导他们。

1. 让孩子学会换位思考

孩子之所以会以自我为中心，是因为他不知道自己的行为会给别人带来什么样的负面影响，可以引导孩子站在他人的角度思考问题，学会换位思考。

有位家长是这样教育自己的孩子的："有一次，朋友给我的儿子买了一顶帽子。儿子一戴，抱怨帽子小，戴着还觉得头皮发痒，一脸的不高兴，更没有主动表示感谢之意，弄得我很生气，朋友也一脸尴尬。朋友走后，我就问儿子：'如果你买了一个礼物送给别人，结果人家看到你送的东西一脸的不高兴，你心里会怎样想？如果对方高高兴兴地接受，并大大方方地谢谢你，你是不是会很愉快呀？'儿子知道自己做错了，当天就打电话给送礼物的阿姨表示感谢，并为自己的失礼道歉。后来，儿子渐渐学会了换位思考，没有我们的指点，他也能面对别人的好意而主动说出感谢的话了。"

2. 给孩子提供关心他人、为他人着想的机会

例如，爷爷从外边回来，爸爸帮爷爷倒杯茶，就让孩子为爷爷拿拖鞋；奶奶生病了，妈妈为奶奶拿药，就让孩子为奶奶揉揉疼的地方，或者为奶奶烧一壶热水；爸爸头痛时就让孩子帮忙按摩太阳穴。日子长了，孩子会学会许多他应该做的事情。再如，上街买菜时，妈妈让孩子帮忙拿一些他能拿动的东西，有好东西吃就他让送给邻居家的孩子吃。之后每碰到类似情况，孩子就会如法炮制，慢慢就会养成关心他人的习惯。

3. 对孩子关心他人的行为给予表扬和鼓励

例如，孩子帮妈妈擦桌子、扫地了，妈妈就要口头表扬孩子"呀！宝贝

长大了，知道疼妈妈了，今天能帮妈妈干活了"；当孩子将玩具主动让给同伴玩时，就抚摸着他的头赞美道"你真棒"，或者给孩子一个吻。

总之，家长平时应有意识地引导、教育孩子，多鼓励孩子为他人着想，在孩子幼小心灵里埋下爱的种子，孩子就会主动地关心别人并主动给予。这对孩子的人格发展很有必要，绝不能忽视。

追求完美的孩子，如何正确引导

刘太太的儿子小灿已经四岁了，刘太太发现小灿行为很古怪：

刘太太一家晚上睡觉之前有喝酸奶的习惯，但就在前些天的一个晚上，小灿一反常态地说要自己去丢酸奶盒，刘太太很高兴，自然也顺手把盒子扔了，但小灿认为这样做不行，非要刘太太把她的酸奶盒拿出来，他自己又扔了一遍，刘太太问他为什么要这样做，他的回答是："如果这件事妈妈也参与了，那就不是我一个人完成的了，必须由我来做才算是好的。"刘太太心想，原来孩子有追求完美的心态。

还有一次，刘太太陪小灿画水彩画，当时，花朵的颜色——粉红色没了，刘太太便用玫红色代替，但没想到小灿将画了一半的画撕了，很生气地说："这种花明明是粉红色的，你怎么能随便用其他颜色代替呢？"接着他就缠着刘太太下楼买新的颜料。

刘太太家里的很多生活规则都由小灿来制订了，如不允许家里的大人穿错鞋、穿错衣服、坐错位置。有时刘太太穿着刘先生的拖鞋，就被小灿要求更换。

后来，刘太太明白，孩子是进入了追求完美的敏感期，明白这些以后，她能够理解孩子的行为了。

其实，小灿的这种行为就是孩子进入追求完美的敏感期的表现，对这个年龄段的孩子而言，世界是一种不变的程序和秩序的存在，这就是孩子最初的逻辑关系。所以他们身上会经常出现这样的行为：

孩子突然对自己写的字很计较，一笔没写好看就一定擦掉重写；折纸课上，孩子对一些有瑕疵的彩色纸很敏感，而且就是不愿意使用这样的纸；孩子要求父母也必须遵守时间，一秒都不能差……

很多家长难以理解孩子的这种特殊心理，因为这里隐藏着成长的又一秘密——从两岁左右，孩子开始进入了完美的敏感期。

在孩子进入这一阶段后，最先发生改变的是他们在饮食上的要求，如他们会选择最大的苹果、最圆的饼，薯条必须是未被折断的等，如果你破坏了食物的完美性，他们就不要了。

随着对吃的东西的要求，孩子也会发展对用的事物的要求，孩子开始对自己使用的东西也有一个比较。例如，一张纸的四个角不能有一个是缺的，穿的衣服不能掉一颗纽扣，玩的东西不能被破坏，一笔画下去，如果这一笔没有画到他期望的位置，他就不要这张纸。这是孩子追求完美的敏感期到来一个很重要的征兆，但父母该如何引导这一时期的孩子成了他们头疼的问题。

追求完美是孩子的天性，身为父母的我们要保护他这种追求完美的特点，要支持他成为一个严格要求自己的人。孩子开始追求完美，表明他们的世界开始走向深入和丰富，当他们开始在一些身外之物，如吃的、穿的、用的上要求完美时，他们也会开始把注意力放在自己身上。

一个关注自身、追求完美、自我要求高的孩子，是不会学坏的，他不会违法犯罪，不会与自我要求低的人为伍，不喜欢在恶劣的环境中生存，所以完美主义敏感期是孩子成长中的重要阶段，父母应该理解孩子。

总之，每个孩子都要经历追求完美的敏感期，他们会突然有很多要求，如食品要完整，纸张要干净，衣服要自己挑选等，此时，我们做父母的很容易失去耐心，因为我们明白绝对完美的事是不存在的，也想要在潜移默化中让孩子明白这个道理，但如果我们能理解孩子细腻、追求完美的心，把孩子的要求当作成长的一次机会，用心体察孩子的每一次不满，我们就能理解孩子，并用适当的方式帮助孩子。

幽默的孩子更加快乐、聪明

所谓的幽默感就是通过语言或肢体语言的表达方式，让与自己互动的对象感到愉快。有这种言谈举止的人，我们称为具有幽默感的人。具有幽默感的孩子通常很乐观，在生活中不断地制造欢笑，让周围的人感到轻松愉快，自己也会拥有成就感和自信。因此具有幽默感的孩子，也较容易获得友谊。幽默还能帮助孩子更好地应对生活和学习中的压力和痛苦，所以幽默的孩子往往比较快活、聪明，能较轻松地完成学业，拥有一个快乐、愉悦的人生。

具体来说，幽默感对培养孩子重要性表现在：

1. 幽默是知识与智慧的体现

一个人要想具有幽默感，就要博览群书，广泛涉猎，平时注重阅读积累。孩子书看多了，见识广了，讨论问题，也会头头是道。更重要的是，说话风趣，就更受小伙伴的欢迎。

2. 坦荡是幽默的前提

有幽默感的人一定是个坦荡的人。培养孩子的幽默感，应先从培养他光明磊落的胸襟入手，教育他不为小事斤斤计较、耿耿于怀，凡事要有容人的雅量。

3. 有助于训练孩子的思维

不可否认，一个有幽默感的人一定是一个思维敏捷的人。要培养孩子的幽默感，思维训练很重要，关键是要打破常规，别让惯性思维束缚头脑。

4. 能活跃家庭气氛，拉近亲子关系

培养孩子的幽默感不容易，它不是一蹴而就的，需要循序渐进。

有一位幽默的老师，经常妙语连珠，就连批评人，也是意味深长，令人终生难忘。例如，考试有人翻书作弊，他说"微闻有鼠鬼鬼祟祟"。他说得如此含蓄委婉，还有谁再好意思作弊呢？后来，他班上的同学也都一个个变得很幽默。有位家长学习到了这种幽默的教育方式，他在教育儿子时，不自觉地也采取了这种方法，如儿子生气了，他说是"晴转多云"；儿子伤心流泪了，他劝他"轻伤不下火线"。餐桌上，他还经常来几个即兴小幽默，让大家开开胃。他这样做，既活跃了家庭气氛，又拉近了和孩子的心理距离。

5. 让孩子热爱生活，激发乐观向上的热情

真正的幽默不是苦心经营的语言游戏，不是刻意制造的文字包袱，它应该是一种洞察一切的睿智，是面对困境的从容不迫，是自然而然的生活积淀。每一个做父母的，都希望自己的孩子具有幽默感，可幽默感不是与生俱来的，是后天养成的。一个有幽默感的人首先是一个热爱生活的人，他有乐观自信的人生态度，有积极进取的奋斗精神，即使面对失败也能坦然一笑。

人生来就有幽默感的因子，如果父母能好好培养，让孩子成为一个幽默的人不是一件难事。研究发现，幽默感从出生后第一个月便开始了。例如，婴儿在父母的逗弄下，便会呵呵地笑个不停；而1岁左右的孩子，会因为玩"藏猫猫"而狂笑不已。孩子希望自己拥有幽默感，这是他热爱生活的表现，每个家长都应该感到高兴。但幽默不仅是制造笑料，更要在幽默中体味生活，培养乐观向上的人生观和勇于开拓的创新精神，这比开心更重要。此时，培养孩子的幽默感，父母的协助是很重要的。在引导孩子发展幽默感特质时，应注意以

下事项：

（1）幽默的语言以不伤害他人为原则。

（2）幽默的语言要注意礼貌。

（3）幽默的动作以不涉及危险动作为底线。

（4）与孩子说笑话或表演滑稽的动作时，要考虑孩子的年龄。因为大人认为好笑的语言或动作，孩子不见得有同感。但孩子认为好笑的语言或动作，大人要陪孩子一起笑（虽然从大人的角度看也不见得好笑）。

（5）孩子最快乐的莫过于做自己喜欢的事情。即使孩子不能完成，大人也不可操之过急，应耐心地等待、引导，并适时给予协助。

充满幽默感的语言和事物能让孩子的眼睛亮起来，无形中也刺激了孩子的思维和语言能力发展。当你对孩子说"再不收拾玩具，以后就不给你买玩具了"时，不妨加一点"幽默调味料"，如"玩具们玩了一天都累了，要回家休息了，不然它们要哭了"。让自己和孩子在有目的的语言和气氛中轻松轻松。

总之，给孩子足够的空间，让他们寻找自己的生活乐趣，而不是独揽孩子的一切，这样才能培养出一个幽默健康、积极向上的孩子。好心态会让孩子受益一生。

接受并喜欢自己，是孩子拥有自信和勇气的前提

作为父母，我们都知道，在家庭教育中，孩子的自信心培养尤为重要。每个孩子都是一个独立的生命个体，都有着无法复制的一些特征，正是这些特征，让孩子在父母心中有无法替代的位置。一个孩子只有喜欢并接受自己，包括优点和缺点，相信自己是最棒的，才能在人生路上勇往直前、无所畏惧。马丁·路德·金说过："世界上的每一件事都是抱着希望而做成的。"接受并喜欢自己，是建立自信和勇气的前提，而这就需要我们让孩子从小在温馨和谐的家庭环境中成长，给孩子一个阳光积极的心态。

有位家长这样陈述自己的教育经历：

"我女儿从两岁时，就希望自己是个男孩，为了让女儿喜欢自己的女孩身份，我先带她逛儿童服装店，欣赏女孩服装，看到色彩鲜艳、款式多样的女童装，女儿恨不得让我把所有服装都买回家给她穿。我再带她到外婆家看表哥的衣服，一对比，孩子就发现：男孩的衣服不如女孩的好看。我说：'要是变成男孩了，只能穿和表哥一样的衣服了。'女儿似懂非懂地点点头。晚上洗澡的时候，我还对她说：'我们女孩还很讲卫生，每天都洗澡。'洗完澡，我给她穿上漂亮的裙子，让她照镜子，欣赏自己。我说：'做女孩多好哇！妈妈帮你变成男孩吧，把你的漂亮衣服送给别的小朋友吧。''不要！'女儿急得叫了。"

很明显，这位妈妈是个有心人，她之所以引导女儿欣赏女孩子的服装，就是为了让孩子认同自己的性别，对性别的认同是自我认同感的一个方面。一个人只有喜欢和认可自己，才有可能被人喜欢，才会有勇气和自信赢得别人的认同。

每一个人都需要自我认同感，成长中的孩子也一样。但实际上，很多时候，自我认同感的缺失，是父母的教育造成的，如从小给孩子贴上了"弱者"的标签，把孩子的缺点当成取笑的对象，对孩子大加指责等，都会让孩子有一种无用感和自我否定感，长期在这种心理状态中的孩子，是很难有勇气和自信的。

那么，家长该怎样做才能让孩子喜欢自己，逐步建立勇气和自信呢？

1. 让孩子喜欢自己的性别

这是最基础的，只有先获得身份的认同，才能让孩子以自己的性别身份生存、生活、与人交往，从而赢得一种自我价值的肯定，对那些不喜欢自己性别的孩子，家长一定要采取措施及时引导，案例中的那位母亲就是我们学习的榜样。

2. 扩大孩子的交友范围，赢得友谊

孩子的朋友们认可孩子，就会帮助孩子产生归属感。朋友之间经常分享彼此感兴趣的事物，共同打发时间，为彼此带来快乐，帮助彼此建立身份认同。孩子与朋友在一起，就会想："和这样的人做朋友，我就是像他们一样的人。"真正的朋友在对方遇到麻烦的时候，不离不弃，为之提供支持。换言之，真正的朋友，对孩子获得身份认同、建立自信、培养社交能力及安全感的提升，都是非常重要的——只要他的朋友是良友。

孩子与朋友关系密切，朋友几乎就是他个人的延伸。作为父母，一定要明白，拒绝他的朋友，就是在拒绝他本人，这会使你想开口对他施以任何干预变得格外困难。如果他的朋友在挑战你的价值观并引发你的担忧,在你采取行动试图将他们排除在孩子的朋友圈之外前,请一定慎重考虑。他们可能确实是正常的孩子,只是想挣脱大人的束缚而已。在你禁止任何事情之前,主动和你的孩子交谈,因为禁止可能导致事与愿违的后果。

3. 告诉孩子"自信源于成功的暗示,恐惧源于失败的暗示"

积极的暗示一旦形成,就如同风帆会助孩子成功;相反,消极的心理暗示一旦形成,若不能及时消除,就会影响一生的成功。

总之,父母是孩子人生路上的领航者,孩子在成长中难免会出现一些负面消极的心态,父母要给予及时的排解,培养出一个勇敢、积极的孩子,这是父母给孩子一生最好的礼物。

相信孩子，其实就是相信你自己

有人说，当父母其实是一连串自我修炼的过程，因为培养一个孩子，绝不止给孩子充足的物质条件这么简单，我们若想培养出一个积极向上、不抱怨的孩子，就要让孩子在爱的环境中长大，让孩子始终感受到来自父母的信任，这样，他才有动力去尝试、有意愿去修正，努力把自己变成一个优秀的人。

而信任孩子，就是要学着欣赏孩子看似"脱轨"的行为；也要试着放手让孩子去尝试一些明明你觉得不会成功或者不正确的事；当然，忍耐与等待的功夫也要练好，才能不急着帮孩子把事情都做好，让他自己有处理的机会；重视孩子的意见和情绪则是最基本的，即使你明明觉得他说的、表达的都有些问题；最重要的是，当你面对孩子时，你必须时时刻刻自我觉察，看看自己是否在父母角色上扮演得恰如其分。

相信你的孩子，其实就是相信你自己，这是对孩子，也是对作为家长的你的肯定。倘若没有人对孩子的能力表现出最初的信任，认为他值得得到爱、支持和关注，任何孩子都不可能相信自己。

曾有一位家长感慨地说："我无法和女儿交流沟通，我们的距离越来越远，我想我把孩子弄'丢'了。8月中旬，我与即将上初中的女儿发生了一场激烈的争吵。事发原因是女儿在我下班一进门时提出要去参加学校的朗诵比赛，一等奖的奖品是电子手表。我不假思索地一口否决了：'不去，妈妈给你买。'当时，没解释、没商量，也没了解孩子的心理。结果，我话音一落地，她的眼泪就流个没完。看到她这样，我就更生气了！'你认为你能行吗？'就这样，她一句，我一句，各说各的理，嗓门越说越大。一气之下，'我不管了，让你爸爸管吧！'我拿起浴筐就往外走，孩子也扯着嗓门给我一句：'你不相信我就是不相信你自己！'"

女儿的话不无道理。孩子是父母一手教出来的，对孩子能力的否定同样是对自己的能力的否定，只有相信自己的孩子，给他尝试和历练的机会，他才会成长得更快。

的确，成长是一个兼具痛苦和快乐的过程，而我们父母是孩子的第一任启蒙老师，在这一过程中，我们是辛苦而忙碌的，孩子用一双好奇的眼睛看待世界，他们要面对太多诱惑，经历太多挫折。正如案例中的妈妈一样，家长要想不"丢失"自己的孩子，光靠管束和告诫是行不通的。要了解孩子的思想，就必须和孩子之间建立起互相联系的精神纽带，不断地给孩子输送父母爱的滋养。

孩子的自尊心较强，会自然而然地希望自己有才能，拥有明确、正面的自我意识，也希望他人从积极的角度看待自己。自信的孩子对自己能够做成什么样的事情、取得什么样的成就持乐观态度。他们可以提高自己的要求，坚守自己的原则，开发自身的潜能。缺乏自信的孩子充满全面的自我怀疑，这使他们易于产生内疚、羞愧之感，觉得自己不如他人。生活中，很多父母认为自己是爱孩子的，却误解了什么是真正平等地对待自己的孩子，他们以为坐着和孩子讲话就是平等，其实那只是形式上的平等，事实上，他们并没有真正以平等的心对待孩子，因为他们不相信自己的孩子。

家长要相信自己的孩子，就应该做到：

第一，相信他决断事情的能力、完成任务的能力、自己照顾自己的能力，以及当他足够大时负责任的能力。

第二，以他相信的方式向他表明你爱他、喜欢他。

第三，当心如下的想法："我以前不需要他人帮助，他也一样。"他与你是不同的。而且，没有得到他人帮助的人常常将之说成"不需要他人帮助"，以掩饰自己的失望。这就告诉父母，没有孩子真的不需要父母帮助，应该给孩子足够的爱。

做到以上这些，父母必须从爱的基点出发，发现、发掘、抓住、肯定孩子的每一个优点和每一点进步，而相信孩子的表现形式和落脚点就在于对孩子的赞许、鼓励、夸奖、表扬……相信你的孩子，才是真正地爱他，他才能在信任和赞扬中成长为有能力的人！

告诉孩子要以感恩的心面对生活

这天,妈妈和小雷在看电视,看到这样一则广告:

一个大眼睛的小男孩,吃力地端着一盆水,天真地对妈妈说:"妈妈,洗脚!"

看完后,小雷流泪了,他对妈妈说:"妈妈,以后我也要对你和爸爸好,像这个小男孩一样。"

听到儿子这么说,妈妈感到很欣慰。

作为父母,看到这则广告,可能你也会被感动,不只为了可爱的男孩,也为了那一份至深的爱和发自内心的感恩。这样的事,你的孩子能做到吗?

有人说:"生活需要一颗感恩的心来创造。"从这句话中,我们能看到,一个人如果能以感恩的心面对生活,那么他看到的就是阳光,他就能感到幸福。

然而,不难发现的是,生活中,我们总能发现喜欢抱怨的孩子,他们抱怨学习太累、父母太唠叨,甚至会抱怨饭菜太差、衣服太难看等。他们之所以经常抱怨,是因为他们缺乏感恩之心。对这种情况,作为家长,我们有必要在孩子心智发育不成熟的童年时期就对其进行引导,让他们懂得父母养育他们的不易,知道所受到的爱是需要回报的,明白关心爱护父母家人是起码的孝心和良心，理解和帮助他人是社会美德。

然而，在家庭生活中，我们还经常看到这样的情景：吃完饭，孩子扭头看电视或出去玩，父母却在忙碌地收拾碗筷；家里有好吃的，父母总是先让孩子品尝，孩子却很少请父母先吃；孩子一旦生病，父母便忙前忙后，百般关照，而父母身体不适，孩子却很少问候……而这些都是孩子不懂感恩的表现。那么，作为父母，我们该怎样培养孩子的感恩之心呢？

1. 让孩子明白他无时无刻不在接受别人的帮助

可能你的孩子并未意识到，在他成长的道路上，他无时无刻不在接受他人的帮助，接受他人的恩惠。对此，我们可以告诉他："自打你出生，父母就在不辞辛劳地照顾你，教你做人做事的道理；跨入校门，老师就无怨无悔地把毕生所学传授给你；遇到难以解答的学习问题，好心的同学也总是帮助你；而国家和社会，也为你提供了安定的学习和生活的环境；甚至生活中那些陌生人，也在无形中对你提供帮助……"这样，孩子就会明白，他需要报答的人太多。一旦孩子有了一颗感恩的心，他还会抱怨父母的不理解、老师的严厉吗？

2. 引导孩子理解父母

我们可以语重心长地对他说："居家过日子，难免磕磕碰碰，有时候，我们父母的行为、语言可能太恰当，但请你一定要理解，我们都是希望你好……"

实际上，任何一个父母不都希望自己的子女能在生活中多关心一点自己吗？教会孩子理解父母，他们会知恩图报、孝顺父母。

3. 告诉孩子不要忘记经常对身边的人说"谢谢"

有时候，孩子可能认为，周围人对他举手之劳的帮助是理所当然，但我们要让他明白，没有谁应该对谁好，所以得到帮助后应该对对方说"谢谢"，有时候，即使这么简单的一句道谢，也是一种幸福的回馈。

4. 鼓励孩子为社会尽一份微薄的力量

一些孩子可能认为，自己只不过是个普通人，哪里能为社会做多大贡献？但家长要告诉孩子，社会就是由千千万万这样的普通人组成的，每个人，只要从身边做起，多关心国家大事、社会新闻，多关心慈善事业，那么，哪怕只捐出一块钱，哪怕只是简单地拾起了马路上的一片废纸，也是为社会的发展尽了一份力量。

5. 鼓励孩子做些力所能及的事，帮父母减轻负担

其实，在我们的孩子有了一定的行为能力后，生活中的很多事他就完全可以自己做了。那么你就可以引导孩子学会自己的衣服自己洗、自己的被子自己叠、自己收拾书包和房间等。另外，还可以引导孩子做一些力所能及的家务，如放学回家后，爸妈还没下班，让他先煮好饭；周末，让他抽出半天时间和你一起大扫除……这虽然都是一些小事，却是培养孩子感恩的心及加强亲子沟通的方法。

总之，懂得感恩的人是幸福的，我们如果希望自己的孩子内心快乐、平和，就要培养他们用感恩的心看待世界。这样，由于懂得体谅、理解和感激，关心尊重他人，他就会得到他人的肯定和信任、关心和帮助，他的事业就更容易成功。他的内心存在真与善、知足与美好，就会收获更多的快乐。

第 10 章

习惯决定未来：
自律成熟的孩子更有出息

生活中，我们经常听到有些家长抱怨孩子不能控制自己：上课时不是做小动作，就是窃窃私语；一回到家就看电视，一写作业就坐立不安；课外作业马虎了事，甚至时常"注水"；喜欢吃零食，乱花零花钱……说到底，孩子缺乏自我控制能力，其实，这是孩子性格不成熟的表现，而性格是否成熟与孩子主动性和积极性的发展程度有着重要的关联，性格成熟的孩子更自觉。对此，父母要明白，孩子自我控制能力的形成有一个过程，长期有意识地帮助孩子学习自制，对他们以后的成长和发展有极其重要的积极作用。

懒惰是孩子学习乃至生活中的天敌

"现在的孩子知识面广,脑子灵,就是有点'懒'",这是很多家长对孩子的评价。当然,孩子懒散的原因是多方面的,但主要是因为现代社会家长对孩子的娇宠,在衣来伸手、饭来张口的家庭生活中,孩子缺乏劳动习惯而变得懒散,久而久之,导致动手能力差,做事缺乏毅力和耐力。而孩子作为社会的接班人,必须发挥先辈们艰苦奋斗的作风,不能让懒散成为成长路上的绊脚石,这就告诉家长,要帮孩子改掉做事不肯钻研,怕苦、怕烦的坏习惯。

的确,教育就是培养习惯,好的习惯成就好的性格,良好的行为习惯要从小培养,你若不想自己的孩子成为"小懒虫""小磨蹭",明智的做法是不做有求必应的父母。

生活中懒散的孩子很多,懒惰是孩子学习乃至生活中的天敌。懒散会导致孩子抗压力能力差的性格缺陷,给以后的学习和生活带来很多困难。懒惰的孩子喜欢成天闲荡,听课精神不振,不做作业,也不温习功课。那么,作为父母,该怎样帮孩子改变懒散行为呢?

1. 帮助孩子合理安排时间

懒惰常常与生活散漫分不开。养成有规律的生活节奏是矫治懒惰习性的第一步。日常生活井然有序的人,做事就不会拖拖拉拉。

2. 激发孩子学习兴趣

兴趣是勤奋的动力，一个人对某项事物产生了兴趣，便会积极主动地投入，消除怠惰。有位同学原来对学习不感兴趣，上课随便讲话，做小动作。班主任老师在一次家访中，发现了他爱饲养小动物，于是老师有意让他参加生物兴趣小组，并委托他饲养生物实验室的金鱼。由于他的兴趣得到合理引导，他不仅在课外活动中主动积极，而且生物课学习也表现得十分认真。

3. 让孩子独立解决问题

依赖性是懒惰的伴生物，而要克服依赖性，就要在多种场合要求孩子自己的事情自己做。家长不要做孩子的"贴身丫鬟"，面对懒散、抗压力差的孩子，最好的方法是不要为他们做得太多，让他自己面对生活必须的事情，安排好所有的事情其实是害了他。例如，独立地解一道数学题，独立准备一段演讲词，独立地与别人打交道等。

4. 培养孩子的自理能力

自理能力对孩子自我意识和独立人格形成有重要影响。不少孩子对家长都有很大的依赖性。如何让孩子克服这种依赖性呢？

（1）家长要根据不同的年龄阶段，不断地教会孩子生活的本领。要正确对待孩子学习中表现出的"笨拙"，对孩子的失败要有足够的耐心和宽容。

（2）凡是孩子力所能及的都让孩子自己去做，如让孩子管好自己的东西。家长要教给孩子一些应对意外的办法，如迷路时应向何人求援等。

（3）孩子面临不知如何处理的事情时，不要立即帮助他，应观察出现困难的地方，然后鼓励他，提示他，从旁协助他自己解决，从而树立他的自信心。

5. 不回避挫折

生活是最好的老师，逆境中学到的东西往往比顺境时多，你帮孩子回避

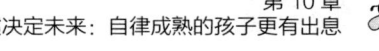

挫折，就让孩子失去了学习的机会，他将来要花更大的代价去补习。

6. 培养孩子勤奋作风

学习懒惰是一种不良的行为习惯，也反映了一个人对生活对学习的错误态度和观念。因此，要帮助孩子认识到勤奋是人不可缺少的美德。勤奋可以改进自己的学业，勤奋可以使人事业成功、生活幸福。勤奋的人比懒惰的人有更多的人生乐趣。

7. 让孩子加强体育锻炼，保持情绪上和体力上的活力

有些孩子学习懒惰是因身体虚弱或疾病，致使身体容易疲乏，学习难以持续。应鼓励他们多参加体育活动，加强营养或积极治疗，以增强体质，增强生命的活力。

一位母亲说："我可以用'很懒散'形容儿子。他'睡瘾'很大，白天也爱睡，看书不到半小时，他就开始打瞌睡。想让他帮忙做点事，我还没开口，他先喊累，没有小孩子应当有的朝气。我认为他之所以懒散，是因为缺乏活力。于是，我帮他采取'分段学习'法，学习半小时休息十分钟，背英语课文也一样，背两段休息一会儿。复习迎考时，我与他用问答方式整理资料，避免他一个人学习时打瞌睡。做完作业，我会赶他下楼和他踢足球、打羽毛球，使他保持活力。坚持的结果是：儿子在中考中取得了意想不到的好成绩，考上了重点高中。他尝到了甜头，情绪很高，对未来也信心十足。"

8. 做孩子的坚强后盾

鼓励孩子学会处理自己的事情，当遇到挫折时，告诉他"无论发生什么事，我都会在你身边"。

家庭作为具有血缘关系的社会群体，以先入为主的重要性、多维性、家庭群体中交往接触的密切性，成为孩子接受教育的第一所学校，形成孩子最初的观念，成为他们接触其他现实影响的过滤器。良好的家庭与家庭教育将为个人成才提供有利的基础，家长要明白，懒惰的原因是多种多样的，家长要根据不同的起因灵活采用不同的纠正方法。另外，懒惰是一种不良的行为习惯，"冰冻三尺，非一日之寒"，所以孩子懒惰行为不是一朝一夕就能改变的，家长要鼓励孩子持之以恒，这样才能改正懒惰的行为，为孩子适应未来激烈的社会竞争做准备。

身心发展中的孩子须学会抵御诱惑

只要在这个世界上生存,就会接触到来自各方面的诱惑。抵制诱惑并不是每个人都能做到,因为每个人都有许多需要,如有衣、食、住、行的需要,也有爱的需要。如果这些需要既符合我们的眼前利益,又符合长远利益,我们就应该努力满足这个需要。例如,求知的需要就是这样的需要。然而,有些需要只在短期内出现,而且会造成长远的和重大的损失。这种吸引着我们的需要就是诱惑。如吸烟、喝酒、赌博等,这些嗜好只能满足我们的一时快乐,从长远角度看,对我们有害无益。

处于成长阶段的孩子,如果对来自社会各方面的诱惑缺乏一定的自我控制能力,很容易步入误区,这就需要父母的教育与引导。现代社会,大部分家庭因为孩子是独生子,害怕孩子受到任何伤害、吃一点点苦,于是包办孩子的一切,但家长忽略了诱惑的存在,在温室中长大的孩子对诱惑没有辨别力,更谈不上抵制诱惑了。

对处于身心发展过程中的孩子来说,许多活动虽能带来一时满足,却会毒害他们终生。有害的诱惑主要有以下几种:

1. 玩的诱惑

游戏机、体育活动、电影、电视,有的孩子不顾一切地去玩儿,"活到老,玩到老",从不想玩过之后如何面对老师和家长;还有的孩子玩过后总后悔，但每次都禁不住诱惑。

2. 考试作弊的诱惑

一些孩子希望考出好成绩，可又不知努力用功，经常在考试中作弊，他们表面上有了一个好成绩，但在中考、高考中露了馅，最后只能自欺欺人。

3. 享乐的诱惑

社会上的流行时尚、美酒、美食、名牌服装等，也是一种诱惑，一旦满足了这些需求，我们就会丧失进取的动力，不能安心学习。

这些诱惑是不易抗拒的，因为它们能给人带来巨大的满足和快乐，可从长远来看，它们造成的损失与痛苦远远超过了暂时的满足。因此，孩子必须抗拒诱惑；也只有抗拒诱惑，才能走向成功。

那么，作为家长，该怎样帮助孩子抵制诱惑呢？

第一，要让孩子知道为什么要抵制诱惑。

不抵制诱惑就可能沾染不良习气，就可能受到伤害或者伤害别人，就可能产生不良后果而影响自己的生活甚至以后的人生。

第二，要让孩子知道应该抵制哪些诱惑。

一切可能让自己偏离方向，产生不良后果的，都应该抵制，如黄色内容、赌博游戏等。

第三，要让孩子知道怎样抵制。

这也是最为重要的：要从内外两方面抵制，既要抵制自己的不当想法和不良行为，又要抵制外界对自己的不良渗透和诱导。抵制的方法包括：

（1）用知恩感恩抵制自私自利。自私自利的孩子更容易被诱惑。自私自利会让孩子变得一切以自己为中心，而不顾及别人的感受。长此以往，孩子就会形成损人利己的个性，会诱发出很多不良习惯，并造成诸多难以挽回的后果。让孩子认识到哪些是来自家庭和社会各方面对自己的帮助、关爱和恩惠，并懂得用一颗友善的心感恩、回报，这将培养出更能令外界接受的人格魅力，有利于日后人际关系的确立和自身的发展。

（2）用知责担责抵制放纵任性。孩子放纵任性大多是因为缺乏责任教育。很多孩子不知道自己来到这个世界上是有使命、有责任的。要让孩子知道对自己、对家庭所担负的责任，知道自己不恰当的行为会引发不良的后果，并必须为此承担一定责任。孩子的责任感增强，放纵和任性心理就会削弱，就会在主观上要求自己避免做出出格的事情。例如，责任感会使孩子避免乱花零用钱。

（3）用善良正直抵制施害作恶。孩子的本性都是好的，告诫孩子不当行为会给别人带来痛苦，并会使自己背负罪责。引导孩子用善良和正直对待事物，为人处世尽可能换位思考，多考虑对方的感受，多考虑是不是会伤害到别人的利益。只有努力使自己做一个"己所不欲，勿施于人"的人，才能让自己远离罪恶，减少过错。

（4）用意志品质抵制渗透诱导。孩子抵制不住诱惑，主要是缺乏顽强的毅力和抵制的意愿。抵制诱惑和不良渗透，也是磨砺孩子意志品质的一个过程。诱惑越大，需要的抵制能力就越强，抵制住了则证明孩子的毅力和意志够坚强。帮助孩子培养顽强的毅力和坚强的意志，才能更好地抵制诱惑，才能避免被"拉下水"而出问题。

当然，除了以上几点外，还需要一些方法，如家长要为孩子鼓劲，及时与老师沟通交流，努力提高孩子的学习能力，以争取更好的成绩。学习成绩对一个学生而言还是很重要的，好成绩会带来更强的学习动力，从而步入一个良性循环；相反，挫败感会伤害孩子的积极性，从而步入一个恶性循环。成绩差的孩子易产生厌学心理，破罐子破摔，再加上过剩的精力，必然会把孩子推向一些不良嗜好，步入种种陷阱。

因此，家长要帮助孩子树立必胜的信念，增强他们抵制诱惑的信心，久而久之，孩子对诱惑也就有了一定的免疫力。

孩子爆粗口要尽早予以纠正

这天，正是午休时间，爱听歌的王刚一边走路一边看手机上的歌词，耳朵里还塞着耳机；姚亮一边哼着歌一边摇着头，就这样，两人撞在一起。

姚亮斜睨了王刚一眼，怪声怪气地说："好狗不挡道。"

王刚瞪大眼睛，气愤地回应："你！没长眼啊？"

姚亮嗓门也很高："你才没长眼呢！"

王刚更是扯着嗓子喊："你眼瞎了啊！"

姚亮向前一步嚷："你才瞎了呢！"

两个人吵得脸红脖子粗，谁也不肯道歉，最终动起手来，姚亮把王刚打伤了。看着受伤的王刚，姚亮后悔不已，吓得不知道该怎么办才好。老师还把姚亮的父母请到学校了，姚亮的爸爸妈妈很通情达理，并没有指责儿子，看着委屈的儿子，他们反倒安慰起来。

"爸妈，我该怎么办呢？帮帮我吧！"

妈妈问姚亮："孩子，你真的知道自己错了吗？以后再发生这样的事情你知道该怎么做吗？"姚亮忙不迭地点头。

"那你跟妈妈说说你该怎么做？"妈妈问姚亮。

"要注意礼貌，撞到别人，要说'对不起'，而不要骂人。"姚亮说道。妈妈听完，高兴地点点头。

姚亮和王刚之间引发矛盾并且最终大打出手，主要是因为几句脏话，可见，是否文明礼貌直接关系到人际关系的好坏。

也许，在孩子还小的时候，无论是老师还是父母都嘱咐孩子要讲文明懂礼貌，不能讲脏话，但随着孩子年龄的增长，逐渐忽视了孩子的这一教育，转而把眼光都放在了孩子的学习上，而事实上，孩子是需要全面发展的，这也是素质教育的宗旨。要知道，一个满嘴脏话的人，无论是生活、工作还是学习，都无法获得他人的尊重和友好协作，也不易获得友谊和自信，因而往往缺乏幸福感。要想孩子成长为有所作为的人，父母就应教孩子从小懂礼貌、讲文明。

如果你的孩子总是说脏话，那么，你需要从以下几个方面来引导他：

1. 心平气和地告诉孩子，说脏话是不对的

父母在听到自己的孩子说脏话时，不要显得惊慌失措，也不要气急败坏地责骂，更不能置之不理。要冷静，蹲下来，严肃而不凶悍，以和缓的语气和孩子说话。例如：

"孩子，你刚才说的那句话，用的词很不好，你知道我说的是哪个词吗？

"你不能说这个词语，知道吗？

"为什么不能说呢？因为这个词是对别人的侮辱，会显得说话的人没教养，而且理屈词穷。

"你愿意让别人认为你没有教养吗？

"既然不愿意，那你应该怎么说？说给妈妈听。

"对啦！这样说才是好孩子。"

家长最难做到的就是不生气。你生气，孩子就听不进你说的话了。另外一些家长喜欢和孩子讲大道理，让孩子不耐烦，也会失去教育的功效。

2. 以身作则，杜绝孩子学习脏话的来源

生活中大多数情况是这样的，大人有时也会语出不雅，但都习以为常，不会觉得有什么异常。而脏话从孩子嘴里说出就特别刺耳，要是他们在大庭广众冒出些脏话，父母更是想找个地洞钻下去，其实，家长也应该拒绝脏话，可以在家里建立互相监督的制度，如果父母不小心在孩子面前说了不文明的词句，一定要向孩子承认错误，以加深他不能说脏话的印象。

3. 教会孩子一些初步的礼仪知识

家长应该从小教导孩子学习一些礼仪知识，教他一些文明举止，包括见面或分手时打招呼，与人交谈时眼神、体态和表情要体现出对对方的尊重，久而久之，孩子就会认识到说脏话是一种不礼貌的行为，就会努力改正。

总之，满嘴脏话是一种不良的行为习惯，是有失礼貌的表现，孩子不懂得尊重他人，在人际交往之中就会产生许多摩擦，也会失去许多朋友和机会，父母在关心孩子成绩的同时，绝不可忽视这一点。

杜绝心浮气躁,磨炼孩子的自制力

生活中,无论是成人,还是孩子,如果能沉下心来认真做一件事情,就没有做不好的。而浮躁是一种冲动性、情绪性、盲动性相交织的病态心理,它与艰苦创业、脚踏实地、励精图治是相对立的。浮躁使人失去对自我的准确定位,使人随波逐流、盲目行动,对组织、国家及整个社会的正常运作极为有害。在家庭教育的过程中,家长一旦发现孩子心浮气躁,必须予以纠正。

青少年中浮躁心理的主要表现包括:

1. 心神不宁

面对急剧变化的社会,心中无底,极度恐慌,对前途毫无信心。

2. 焦躁不安

在情绪上表现出一种急躁心态,急功近利。在与他人的攀比之中,更显出一种焦虑不安的心情。

3. 盲动冒险

身心激动不安,情绪取代理智,行动具有盲目性。行动之前缺乏思考,为满足自己的欲望,有时会出现越轨行为。这种病态心理也是部分青少年参与违法违纪活动的一个主观原因。

可以说,浮躁是孩子成长路上的大敌,如有的孩子看到歌星挣大钱,就想当歌星;看到企业家、经理神气,又想当企业家、经理,但又不愿为了实现自己的理想努力学习。还有的孩子兴趣爱好转换太快，干什么事都没有常性，今天学绘画，明天学电脑，三天打鱼两天晒网，最终一事无成。

浮躁心理的产生主要有几个原因：

（1）家长的影响。家长在教育孩子的时候，总是患得患失，心神不安，甚至纵容孩子的错误；在事业上，也有的家长急于改变生活的现状，表现出急功近利，出现急躁的心态，这种心理也会影响孩子。

（2）与生理因素有关。心理学的研究表明，具有强而不灵活、不平衡的神经类型的人，容易急躁，沉不住气，做事易冲动，注意力易分散。

（3）意志品质薄弱。有的父母只知给孩子灌输知识，却不知培养孩子的意志品质，因而造成有的孩子学习怕苦怕累，做事急躁冒进，缺乏恒心。

为了改变孩子的浮躁心理，父母应这样指导孩子：

第一，教育孩子立长志。

俄国伟大作家托尔斯泰曾说过："理想是指路的明灯。没有理想，就没有坚定的方向；没有方向，就没有生活。"父母只有帮助孩子树立远大的理想，才能使孩子明确生活的目的和对崇高理想的追求，具有对生活和学习的高度责任感，这对防止孩子浮躁心理的滋生和蔓延是十分有利的。父母在帮助孩子树立远大理想时，要注意两点。一是立志要扬长避短。有的孩子立志不考虑自身条件是否可行，而是凭心血来潮，或看到社会上什么工作挣大钱，就想做什么工作。这种立志者多数是要受挫的。父母应该告诫孩子，根据自己的特点确立目标（最好和孩子一起分析他的特点），才会有成功的希望，千万不要赶时髦。二是志向要专一。俗话说："无志者常立志，有志者立长志。"父母要告诉孩子，立志不在于多，而在于恒。要防止孩子"常立志而事未成"的不好结果的产生。正如赫伯特所说，"人不论志气大小，只要尽力而为，矢志不渝，就一定能如愿以偿"。

第二，重视孩子的行为习惯。

一是要求孩子做事情要先思考，后行动。例如，出门旅行，要先确定目的地与路线；上台演讲，应先准备讲稿。父母要引导孩子在做事之前，经常问自己这样一些问题："为什么做？希望什么结果？最好怎样做？"并要求孩子具体回答，写在纸上，使目的明确，言行、手段具体化。二是要求孩子做事情有始有终。不焦躁，不虚浮，踏踏实实做每一件事，一次做不成的事情就一点一点分开做，积少成多，积沙成塔，累积到最后即可达到目标。

第三，有针对性地磨炼。

父母可以采取一些措施，有针对性地磨炼孩子的耐心和恒心，如指导孩子练习书法、学习绘画、弹琴、解乱绳结、下棋等，有助于培养孩子的耐心和韧性。此外，还要指导孩子学会调控自己的浮躁情绪。例如，做事时，孩子可用语言进行自我暗示："不要急，急躁会把事情办坏""不要这山看着那山高，这样会一事无成""坚持就是胜利"。只要孩子坚持不断地进行心理上的练习，孩子浮躁的毛病就会慢慢改掉。

第四，用榜样教育孩子。

身教重于言教。首先，父母要调适自己的心理，改掉浮躁的毛病，为孩子树立勤奋努力，脚踏实地工作的良好形象，以自己的言行影响孩子。其次，鼓励孩子用榜样，如革命前辈、科学家、发明家、劳动模范、文艺作品中的优秀人物及周围的一些同学的耐心、踏实的表现对照检查自己，督促自己改掉浮躁的毛病，培养其勤奋不息，坚韧不拔的优良品质。

总之，要培养一个认真努力的孩子，就必须重视对其意志力的培养。家长要恩威并用，要磨炼孩子的意志力，还要鼓励孩子，在保证科学的前提下和孩子一起实践，一步步地监督他们完成规划的目标。帮助孩子提高自控力，克服心浮气躁，才能让孩子一步一个脚印，逐渐变得稳重、成熟！

纠正孩子马虎粗心的习惯，从培养孩子的责任心开始

马虎粗心是人类性格中的一个缺点。无论成人或孩子，因为马虎粗心而造成不良后果的事件有很多。可以说，马虎粗心就是缺乏责任心的表现，作为父母，我们只有培养孩子的责任心，训练其缜密的思维，让其注意细节问题，他们才能在未来社会的竞争中立于不败之地。

孩子马虎、粗心的毛病，多半是家长没能在小时候多加培养，没有给孩子养成细心认真的好习惯导致的。粗心的毛病容易给人带来麻烦，不但影响孩子的学习成绩、升学考试，还有可能给人们的生活带来不幸，给社会带来灾难。"小马虎"从表面上看似乎不是什么大毛病，但若不及时纠正，却可能造成严重后果。对此，我们要在孩子还小的时候，纠正孩子马虎粗心的缺点，不要使其成为习惯。要纠正孩子马虎粗心的习惯，首先要找出他们马虎粗心的原因。

引起马虎的原因，多与家长的教育有关，如果在儿童幼年时期没有对他们进行系统的训练，或是常让孩子一心二用，边看电视边写作业，或是让孩子在一个嘈杂混乱的环境里学习，孩子都有可能养成粗心马虎的毛病。

那么，怎样让孩子远离粗心马虎的习惯呢？

1. 从培养孩子的责任心做起

孩子的马虎粗心，最根本原因是缺乏责任心。一个有很强责任心的人，做任何事情都不可能马虎、不可能粗心。所以要纠正孩子马虎粗心的习惯，要

从责任心的培养做起。因为有了责任心，他自然能够小心谨慎地对待每一件事情，避免马虎。

家长们应少一些包办、少一些关照、少一些提醒，让孩子自己处理自己的事情；让孩子多承担一些家务劳动，多做一些力所能及的事情，以培养孩子的责任心。有时候家长要狠下心来，让孩子吃苦头、受惩罚。

例如，上学前让孩子自己整理该拿的东西，如果他忘了，你也不要给他主动送去，而要让他受批评、受教育。再如，孩子外出之前，让孩子自己准备外出要带的食品和衣物。家长只做适当的提醒和指导，不要大包大揽，也不要将自己的意志强加于孩子，等他少带了食品，少带了衣物，或落下别的什么东西，在外吃了苦头的时候，他自然会吸取教训，责任心自然而然会加强。等下一次外出的时候，肯定不会粗心，丢三落四了。

2. 从培养好的生活习惯做起

我们发现，如果一个孩子的房间里一团糟，鞋子东一只西一只，他的作业往往字迹潦草、页面不整，做事丢三落四、凭兴之所至，观察没有顺序，思考缺乏条理，表现出典型的马虎粗心的特点。因此，从生活中小事做起，培养孩子良好的生活习惯，能减少孩子的马虎粗心行为。

常用方法是：让孩子整理自己的衣橱、抽屉和房间，培养孩子仔细、有条理的习惯；让孩子安排自己的课余时间和复习进度表，培养孩子做事有计划、有顺序的习惯。通过改变孩子的行为习惯改变他的个性，天长日久，孩子的马虎粗心行为就会渐渐减少。

3. 培养孩子集中精力学习的好习惯

有的家长，不管孩子是不是正在学习，都把电视机开着，或者自己大声说话，这些做法都会对孩子造成干扰，使他不能集中精力学习，久而久之，孩子便养成了一心二用的坏习惯。有的孩子放学回家以后，总是先打开电视，边看边写作业，或者戴上耳机，一边摇头晃脑地唱着歌儿，一边做习题。试想，这样怎能聚精会神呢？

4. 引起孩子对考试的重视

虽然一直强调家长和老师不要过分看重分数，不要给孩子增加太多的考试压力，但这并不意味着让孩子轻视考试，对考试漫不经心，考试毕竟是检验孩子学习情况的一种手段，应该让孩子重视起来。重视考试的孩子，也能在做其他事上认真。

5. 培养孩子认真的习惯

有些孩子马虎，是和性格分不开的，一般来说，马虎粗心的孩子开朗、心宽、不计较。这是他们性格中的优点，应该加以肯定、保护，但性格外向的孩子更易沾染马虎大意的毛病。因此，更需要家长在性格上多加培养，引导他们遇事认真、谨慎。

认真是任何人要做好一件事情的前提，如果对什么事情都敷衍了事，草草出兵、草草收兵，必然做不好。认真、不马虎是一种习惯，要孩子克服马虎的毛病，需要家长的指导和帮助。光靠说教不行，要靠平日里的习惯培养，久而久之，孩子也就有了自我控制的能力，会把认真当成一种习惯。

参考文献

[1]朱慕菊.怎样培养孩子的积极主动性[M].北京：北京师范大学出版社，2020.

[2]李萍.不批评会表扬，培养自觉主动的好孩子[M].北京：中国纺织出版社有限公司，2020.

[3]奥田健次.不批评才能培养出自觉主动的孩子[M].李友敏，译.北京：北京联合出版公司，2014.